Die

liberalen Parteien

Angesichts

der

Zukunft Preußens.

———⁂———

Berlin, 1862.

Verlag von Julius Springer.

ISBN-13: 978-3-642-94090-3   e-ISBN-13: 978-3-642-94490-1
DOI: 10.1007/978-3-642-94490-1

Inhalt.

———

———

I.

Der Fehlschlag und seine Ursache.

~~~~~~~

Wieder hat ein Abschnitt der deutschen Entwickelung ergebnißlos geendet, welchen die freudigsten obwohl gemessenen Hoffnungen begrüßt und bis nahe an seinen Ausgang fast unermüdet begleitet haben. Zum zweiten Male seit dem Jahre 1848 bricht ein vielversprechender Anlauf zusammen, ohne irgend einen unmittelbaren Gewinn für eine dauernde und gute Gestaltung des Lebens der deutschen Nation.

In Einen Fehler, welcher das Scheitern der Bewegung von 1848 noch bitterer machte, werden wir diesmal nicht verfallen. Wir werden nicht darum, weil so viel freudiger Glaube und redliche Mühe ohne irgend ein objectives Resultat geblieben, den Gegenstand unseres Beginnens und den ganzen Weg, den wir gegangen, auch nur einen Augenblick in maßlosem Unmuth oder in kleinmüthigem Zweifel verwünschen. Wir werden vielmehr als Solche, die ihres Willens und seines Zieles sicher sind, von unserm Zweck Nichts aufgeben, sondern uns ruhig nach den Mitteln umsehen, die nunmehr geboten sind.

Wir werden die Ursache des wiederholten Scheiterns der nationalen Hoffnungen zu ergründen haben. In dem Ziel liegt sie nicht. Sie kann nur in unserer Kraft, in der mangelhaften Vorbereitung und in der mangelhaften Anwendung derselben liegen.

In der That ist es dieselbe Ursache, welche den Aufschwung von 1848 und den von 1858 hat fruchtlos sich erschöpfen und endlich zu Boden sinken lassen.

Beide Epochen sind dem Anschein nach ganz verschieden. Die eine eingeleitet durch das Ueberfluthen der ungeduldigen Volkskraft,

die andere durch das Wort eines Fürsten, welcher nach tiefer Ent=
muthigung ein überraschtes und dankbares Volk aufruft, in dem
Wege besonnener Reform ihm zur geordneten Freiheit zu folgen.
Die Ursache des Mißlingens ist trotz der scheinbaren Verschiedenheit
in beiden Fällen dieselbe gewesen.

Man ist gewohnt, so oft vom Volkswillen zu sprechen, als wäre
ein solcher Wille eine immer vorhandene und thätige Kraft. In
Wahrheit hat man es mit einem Vermögen zu thun, das nur in
seltenen Momenten zur Wirksamkeit gelangt, dann aber stets als eine
der größten Thatsachen umbildend in das Gebiet der Erscheinungen
tritt. Denn die Einheit des Volkswillens, wo sie zur Wahrheit
wird, ist jedesmal unwiderstehlich und bleibt es so lange, als sie
besteht. Nur über die Natur und Bedingungen dieser Thatsache
muß man sich nicht täuschen wollen. Berechtigte Sehnsucht ist außer
Stande, den Volkswillen der reinsten Idee dienstbar zu machen, wenn
sie die Bedingungen übersieht, unter denen allein er ins Leben tritt
und sich wirkend behauptet.

Aus dem Irrthum über diese Bedingungen sind die Niederlagen
von 1848 und 1858 hervorgegangen. Wir nennen die Jahreszahlen
der Erhebung, weil schon in den Momenten der Erhebung die Nieder=
lage enthalten war.

Der Volkswille von 1848 war unwiderstehlich, so lange er un=
getheilt dem Zuge folgte, verachtete Fesseln zu zerbrechen. Aber den
positiven Theil seiner Aufgabe trug derselbe nicht als einen erarbei=
teten Inhalt in sich. Dieser Inhalt sollte gefunden und geschaffen
werden, gewissermaßen während eines Interregnums staatlicher Form=
losigkeit. Ein solches Interregnum mit seinen Gefahren und Uner=
träglichkeiten ist der natürliche Boden für die Reaktion. Denn die
Mächte des Alten werden durch einen negativen Aufschwung nur
zurückgedrängt, nur gelähmt. Sie erstehen alsbald beinahe unversehrt,
wenn sie nicht durch Schöpfungen aufgelöst werden. Erst bei der
Ueberwältigung der neu hervorgebrochenen Kräfte, zu der sie sich
sofort anschicken, verändern sie nach und nach ihr Wesen und ihre
Gestalt.

Aus der Bewegung von 1848 ging wohl ein Ziel des Volks=
willens hervor, welches die Nation bis dahin nicht besessen hatte.
Aber in den Kämpfen um die Feststellung dieses Zieles ward die
Einheit des Handelns verloren, welche die Unwiderstehlichkeit giebt.
Die Bewegung von 1848 sah das Ziel, aber erreichte es nicht. Es

bedurfte einer zehnjährigen Pause, theils zur Erholung, um der Nation wieder die Frische zur Regsamkeit zu geben, theils zur innern Arbeit, um die gewonnene Wahrheit zum Eigenthum aller lebendigen Kräfte zu machen.

Die 1848 gewonnene Wahrheit heißt: Die Bürgschaft der deutschen Zukunft liegt in der staatlichen Einigung Deutschlands mittelst Ausschließung Oesterreichs und durch den Anschluß der deutschen Scheinstaaten an die einzige, obschon unfertige Staatsbildung, welche der Genius des deutschen Volks versucht hat, an das Königreich der Hohenzollern.

Folgendes sind die beiden Hauptpunkte dieser Erkenntniß: 1) die Ausschließung Oesterreichs, als einer durch fremde Elemente und Aufgaben wesentlich inficirten Bildung, von den deutschen Arbeiten; 2) der Satz, daß das politische Capital, welches der deutsche Nationalgeist in der Individualität Preußens unter gewaltigen Anstrengungen durch Helden und Gesetzgeber, die größten des deutschen Namens, erarbeitet hat, nicht zerbrochen, nicht weggeworfen, vielmehr vervollkommnet und erweitert werden soll.

Der eine Punkt ist so wichtig wie der andere. Es darf nie vergessen werden, daß die unvollkommenen Versuche deutscher Staatsbildung nicht als gleichmäßig mißlungene Experimente behandelt werden können. Es wäre mehr als Blindheit, aus dem Leben des deutschen Volkes eine Geschichte, wie die des preußischen Staates, durch die Vernichtung ihres lebendigen Erzeugnisses streichen zu wollen.

Welches war das Problem des Aufschwunges von 1858? Kein anderes, als die Reform Preußens, um den preußischen Staat zum Werkzeug der Einigung Deutschlands zu machen. Das Gefühl dieser Aufgabe war in Haupt und Gliedern des preußischen Volkes. Aber nur das Gefühl, nicht die deutliche Erkenntniß des Gegenstandes, welche den ungebrochenen Willen giebt. Wiederum mußte der Inhalt der Reform erarbeitet werden, während man die Hände an das Werk legte. Wiederum ging bei der Orientirung über denselben die ungetheilte Kraft des Willens verloren.

Solcher Mangel an concreter Erkenntniß ihrer Aufgaben kann einer Nation wohl durch eine überlegene Individualität ersetzt werden, wie sie in allen Jahrhunderten selten sind. Aber Nichts ziemt einem Volke weniger, als an jedem Wendepunkt seines Daseins vom Lenker der Weltgeschicke eine Individualität mit unwiderstehlicher Schöpferkraft zu heischen. Die Helden sind den Völkern gegeben, um sie zu wecken, nicht um sie zu vollenden. Die Völker wie die Individuen müssen ihre sittliche Persönlichkeit durch eigene Arbeit vollenden.

In dem nachfolgenden Abschnitt soll gezeigt werden, wie das unfertige Verständniß während der denkwürdigen Epoche von 1858 bis 1862 der preußischen Nation nicht gestattete, ihre Aufgabe zu beherrschen.

Es ist fast unmöglich, die wichtigsten Züge aus dem überreichen Stoff auf wenige Seiten zusammenzudrängen, und wo Alles noch in der frischesten Erinnerung Aller lebt, ist selbst die unbefangene Beleuchtung nur nach und nach zu gewinnen. Aber die Anforderung, welche uns unverzüglich gestellt wird, erheischt solche Versuche.

Neues haben wir nicht mitzutheilen, nur auf Uebersehenes hin und wieder aufmerksam zu machen.

II.

Ein Rückblick.

Am 6. November 1858 bildete der Prinz-Regent das Ministerium Hohenzollern. Am 8. November verkündigte er dem Staatsministerium die Regeln, nach denen er sich die Regierung zu führen vorgesetzt. Man hat diese Ansprache öfters ein Programm genannt. Nicht ganz richtig, insofern man unter einem politischen Programm eine Reihe von Maßregeln versteht, welche einen geschlossenen Zeitabschnitt zu ihrer Ausführung voraussetzen lassen. Obwohl nun die Ansprache des Regenten wesentlich eine allgemeine Haltung bewahrte, welche durch den Hinweis auf bestimmte Maßregeln nur hier und da und nur andeutungsweise unterbrochen wurde, so ließ die Anrede dennoch ein Urtheil über die Staats- und Weltlage erkennen ganz verschieden von dem, mit welchem die neuberufenen Minister in die Leitung ihrer Aemter eintraten, eintreten mußten, wenn sie irgendwie mit offenem Sinn in der Strömung des Volkes gelebt hatten. Und deßhalb eben hatte man sie ja berufen.

Die Absicht des Prinz-Regenten ließ sich in zwei Hauptgedanken zusammenfassen: Treues Halten des Gewährten; äußerste Vorsicht bei neuen Gewährungen, und jedem Drängen gegenüber: entschlossener Widerstand. Diese Grundsätze erheischten eine aufrichtig loyale und wohlwollende Verwaltung. Und soweit kam die Liebe des Fürsten seinem Volke entgegen, daß er die Leiter seiner Verwaltung aus den Führern der liberalen Opposition wählte. Hiermit hatte er dem Lande die unzweifelhafte Bürgschaft seines fürstlichen Willens einer treuen Beobachtung der Gesetze gegeben.

Konnten die Minister, wenn sie die Stellung an der Spitze ihrer Partei und demnach als Verfechter der lebendigen Entwickelung verdient hatten, mit denselben Grundsätzen wie der Prinz-Regent an die Spitze der Geschäfte treten? Mußten sie sich nicht sagen, daß in einem Zeitalter unvergleichlicher Fortschritte und gesellschaftlicher Umwandlungen, zehn Jahre nachdem eine Verfassung, d. h. die Mit-entscheidung parlamentarischer Körperschaften über den wichtigsten Theil der Regierungs-Angelegenheiten als völlig ungewohntes Element in den patriarchalischen Staatsbau eingefügt war, nachdem auf eine in diesem Staat unerhörte politische Erschütterung eine fanatische Reaktion gefolgt war, ohne die Wirkungen der Erschütterung beseitigen zu können — mußten die Minister sich nicht sagen, daß nach alle-dem der Staat, den sie leiten sollten, in einem Zustand innerer Unfertigkeit und ungelöster Widersprüche sich befand, die sofort eine schonende aber ununterbrochene schöpferische Arbeit erforderten?

Nichts ist begreiflicher, als daß das Urtheil des edelsten Fürsten und das Urtheil der erleuchtetsten Männer aus dem Volke über den Zustand des Staats sich in diesem Augenblick nicht begegnen konnten. Einstimmig wird es einst die Geschichte bezeugen, daß nichts so schwer, ja fast unmöglich zu denken ist, als daß ein am Thron erzo-gener Mann die merkwürdige Völkerwandlung hätte deutlich erkennen sollen, welche, nach dem Ende der großen Kriege im Anfang des neunzehnten Jahrhunderts beginnend, in der zweiten Hälfte desselben unaufhaltsam dem Höhepunkt ihrer Bewegung zuzueilen scheint. Wird doch uns selbst, die wir in dieser Bewegung auferzogen, ge-wissermaßen mit ihrem Blute genährt sind, der Reichthum und die Macht derselben täglich zur neuen Ueberraschung.

Hätten die Minister, sobald sie den tiefgehenden Unterschied zwischen ihrer Anschauung und dem höchsten Willen im Staate erkannten, die Aemter ausschlagen sollen? Sie und mit ihnen das ganze Land glaubten den Punkt der Versöhnung, der nothwendigen Ausgleichung gefunden zu haben.

Wenn Gesetzlichkeit die von oben herab gegebene Losung war, so mußte bei widerspruchsvollen Einrichtungen das gesetzliche System nach der einen oder andern Seite durchgeführt werden. Nach welcher Seite, schien nicht zweifelhaft sein zu können. Nur übereilt durfte man nicht vorwärts gehen. Lediglich als die rechtliche Consequenz bestehender Gesetze und gegebener Verheißungen mußte jeder Schritt erscheinen. Das ganze Land erhob die Parole: „Nicht drängen!"

Dieser Widerspruch war der Todeskeim der neuen Aera.

Zwei Dinge hätten den Keim aufhalten können: eine umfassende staatsmännische Kraft an der Spitze des Ministeriums: oder das klare einmüthige Bewußtsein über die Erfordernisse der Reform im Volke, oder, was nahezu dasselbe bedeutet, in den besten Köpfen der Reformparteien. Beides fehlte. In den Jahren des Druckes war ein Theil der Volkskraft, derjenige, welcher überhaupt den politischen Kampfplatz behauptete, vollauf mit der Abwehr beschäftigt gewesen. Bei Weitem der größte Theil hatte sich in Erwerb oder geistige Studien versenkt und damit allerdings Kräfte erzogen, welche einem neuen politischen Leben zu Gute kamen. Dagegen über die konkrete Behandlung der Reformfragen waren neue Ideen in das Volksbewußtsein wohl ausgestreut, aber noch nicht reif geworden.

Das neue Ministerium besaß inzwischen einen Finanzminister und einen Kriegsminister von seltener Begabung. Auch in den anderen Verwaltungen fehlte es nicht an Erfahrung und Talent. Der beste Wille war reichlich vorhanden, man durfte sich guten Erwartungen hingeben.

Wenige Monate nach der Einsetzung einer neuen Regierung kam eine entscheidende Probe für den staatsmännischen Sinn des Ministeriums und — des Volkes. Napoleon III. suchte den Krieg gegen Oesterreich und die Verdrängung dieser Macht aus Italien. Niemand wußte, was französische Hülfe aus dem befreiten Boden machen würde.

Für die Partei der nationalen Entwickelung in Deutschland konnte es nur die zweifache Losung geben: feierliche Lossagung von

dem Jahrhunderte alten Verbrechen Oesterreichs an Italien und Er=
greifen der günstigen Gelegenheit, Deutschland staatlich zu organisiren.
War Letzteres allzukühn, so mußte wenigstens der dänische Streit so=
fort ausgefochten werden, während von deutscher Seite Nichts ge=
schehen durfte, den italienischen Krieg weder durch Drohungen gegen
Frankreich zu verkürzen, noch durch Beistand für Oesterreich zu ver=
längern. Wurde Napoleon durch diesen Krieg scheinbar Herr von
Italien, so stand er mit einer großen Verantwortlichkeit den euro=
päischen Mächten und einer in ihren Tiefen aufgerüttelten Nation
gegenüber. Es war kein Gedanke, Frankreichs Herrschaft auf italie=
nischem Boden festzusetzen.

Indeß schwankte die öffentliche Meinung in Deutschland und
selbst in Norddeutschland. Statt sich von der sittlichen Verwüstung
einer hochbegnadigten Volksseele und jedem Antheil an der Fortdauer
derselben mit Unwillen wegzuwenden, erhoben sich Stimmen, welche
das deutsche Volk die Rolle der Mörder Wallensteins spielen ließen:
„Ja, wenn Er fallen muß und soll, und 's ist nicht anders, so mag
ich's diesem Pestalutz nicht gönnen." Daß Italien nur in die Hände
Frankreichs fallen könne, schien der Klugheit ausgemacht.

Von der widerspruchsvollen Volksstimme verlassen, war das
Ministerium auf seinen eigenen Rath angewiesen. Man versuchte,
sich an England zu klammern in der Meinung, England müsse die
verwickelte Frage bloß unter dem Gesichtspunkt der Verstärkung
Frankreichs auffassen. England rieth, den Dingen vorerst freien
Lauf zu lassen. Es hütete sich wohl, Deutschland den Rath zu
geben, den Vortheil für seine eigenen dringenden Angelegenheiten
wahrzunehmen. So kam das Ministerium auf den Gedanken, für
Oesterreich gegen Frankreich einzutreten, aber um den Preis einer
provisorischen Leitung Deutschlands. Von der Entwickelung dieser
Position hoffte man das Weitere. Die bloße Aussicht darauf reichte
hin, Oesterreich zum Frieden mit Frankreich und zur Aufgabe einer
kostbaren Provinz zu bewegen, dasselbe Oesterreich, welches der deut=
schen Nation zur Pflicht gemacht hatte, ihm jeden Fuß breit in Ita=
lien vertheidigen zu helfen.

Die bedenklichste Folge der Haltung Preußens war, daß sie
Frankreich unter Vertagung seiner italienischen Pläne zum Frieden
nöthigte. Ein Verdienst muß dennoch dem damaligen Ministerium
zugestanden werden. Es erniedrigte sich nicht, Oesterreich einfach
Lehnsfolge zu leisten, wie es ein Kreuzzeitungsministerium gethan

hätte. Es verhinderte durch sein Zaudern Deutschland in einen Krieg zu stürzen, gegen den sich im Laufe des Kampfes das anfangs unsichere Volksgewissen immer stärker erhoben haben würde.

Der Friede von Villafranka versetzte Preußen zwischen dem gleichmäßig erworbenen Mißtrauen Frankreichs und Oesterreichs schein= bar in eine isolirte Lage. Das große preußenfeindliche Organ in Süddeutschland zeigte nicht übel Lust, dem preußischen Staat bei einem etwaigen Angriffe Frankreichs die Hülfe des deutschen Volkes zu entziehen. Aber das deutsche Volk erklärte, Preußen nicht ver= lassen zu wollen. Der Nationalverein wurde gebildet. Aber auch dieser Verein vermochte keineswegs mit einer klaren Entscheidung, weder über die Gestaltung Deutschlands noch über das Verhältniß Deutschlands zu Italien, aufzutreten. So seinen eigenen Willen erst suchend, konnte der Verein nicht zum Heerd eines einheitlichen Volkswillens werden.

Dem Nationalverein und dem deutschen Volke wäre die gesuchte Klarheit sehr leicht zu Theil geworden, wenn sich das während einer kurzen Zeit versuchte Bündniß zwischen Frankreich und Oesterreich verwirklicht hätte. Im Groll über Preußen, das von seiner Seite mit Artigkeiten und Anerbietungen überhäuft, ihm das Spiel ver= dorben hatte, nahm der Kaiser Napoleon einen Augenblick die Miene an, sich Oesterreich zu nähern. Er fand die zuvorkommendste Auf= nahme, mußte aber sofort erkennen, daß die Freundschaft Oesterreichs nur für die völlige Preisgebung des italienischen Volkes, wenn auch nicht jeder napoleonischen Erwerbung auf italienischem Boden, zu haben war. Er erkannte die Auslieferung dieses Preises als eine Unmöglichkeit seiner Stellung und beschloß, an Selbstüberwindung gewöhnt, auf's Neue um die Freundschaft des Staates zu werben, dem er eben auf's Heftigste gegrollt hatte. Er glaubte, die preußische Staatslenkung müsse nunmehr über Oesterreich belehrt sein. Ein halb Jahr darauf benützte die österreichische Regierung einen engli= schen Tropf, um von der weithin hallenden Tribüne des Unterhauses das Mährchen ihrer Ablehnung napoleonischer Angebote in die Welt zu schicken.

Das Jahr 1860 war angebrochen, und mit der sardinischen Annexion Toskana's, Parma's, Modena's und der Legationen be= reitete sich die französische von Savoyen und Nizza vor. Wir müs= sen aber jetzt einen Blick auf die innere Entwickelung Preußens werfen.

Der erste Landtag unter der Regentschaft hatte in der Session von 1859 zwei wichtige Vorlagen erhalten; eine: die Civilehe; eine andere: die Grundsteuer betreffend. Die erste wurde im Herren= hause verworfen, die zweite gelangte bei den drängenden Kriegser= eignissen nicht einmal im Abgeordnetenhause, wo sie eingebracht war, zur Berathung.

Die Landtagssession von 1860 sah eine Reihe bedeutender Vor= lagen, darunter eine von solcher Wichtigkeit, wie sie nach dem Aus= druck des Prinz=Regenten in der Thronrede noch keiner preußischen Vertretung übergeben worden war. Wir meinen die Gesetzesvorlage über die Heeresreform.

Dem Landtag und der öffentlichen Meinung des Landes erschien diese Vorlage wie vom Himmel gefallen. Und doch war sie eine lange herangereifte Nothwendigkeit. Fast so lange als die aus den Freiheitskriegen herübergenommene Heeresverfassung bestand, nament= lich aber seit dem Jahre 1850, hatten sich in militärischen Kreisen öffentlich wie nichtöffentlich gewichtige Stimmen erhoben, welche immer ernstlicher in Zweifel zogen, ob diese Heeresverfassung den An= forderungen des Staates unter veränderten Zeitverhältnissen genüge. Man mußte, daß der Prinz=Regent diesen Verhandlungen mit Auf= merksamkeit gefolgt war. Man konnte sich erinnern, wie schon der **Prinz von Preußen** dem Herrenhaus bei Ablehnung einer Steuer die Vereitelung erhöhter Schlagfertigkeit zu bedenken gegeben hatte. Endlich hatte der Prinz=Regent in der Ansprache vom 8. November auf keinen Punkt mit solcher Bestimmtheit hingewiesen, als auf die nothwendige Verbesserung der Vertheidigungsmittel.

Aber erst das Jahr 1859 brachte in allen maßgebenden Kreisen, in der Meinung des Regenten, wie der Spitzen der Armee und der **liberalen** Verwaltung die Ueberzeugung von der nun nicht mehr aufschiebbaren Nothwendigkeit einer Reform zu Stande. Denn die Erfahrung, welche man eben mit einer Heeresverfassung von den glorreichsten Erinnerungen gemacht hatte, war eine sehr ernste. Diese Erfahrung bestand nicht in dem angeblich widerwilligen Geiste, von welchem unsere brave Landwehr 1850 wie 1859 entfernt gewesen ist. Aber man hatte sich überzeugen müssen, daß, wenn ein europäischer Kampf von unabsehbaren Folgen die volle Kriegsrüstung des Staates forderte, der Staat diese Rüstung nicht tragen konnte, selbst nicht auf kurze Zeit, ohne alsbald von ihr, wie sie jetzt beschaffen war, in den Kampf gerissen zu werden — ehe der wirkliche Feind entdeckt war.

Je nach der Rolle, welche die beiden Mächte im Laufe des Kampfes annahmen, konnte Frankreich wie Oesterreich 1859 unser Feind werden. Ein Landwehrheer muß, kaum unter den Fahnen, alsbald den Feind sehen. Sonst fühlt es sich mit Mißmuth dem bürgerlichen Beruf entzogen. Der Mißmuth steigert sich, wenn die Gesellschaft ohnehin unter der Kriegsstörung leidet und wenn kein begeisterndes Kampfobjekt die aus der Gesellschaft gerissenen Krieger für die doppelten Leiden, daheim und unter der Fahne, entschädigt.

Man sagt so oft: ohne Begeisterung sollen keine Kriege mehr geführt werden; es soll nicht mehr Cabinetskriege, nur noch Volks= kriege geben. Unbegreiflicher Unverstand! Die Volkspolitik, wenn sie nicht warten will, bis ihr der Feind die Begeisterung am eigenen Dach anzündet, wird es ebenso wenig vermeiden können, wie die Cabinetspolitik, sich oftmals den Feind zu wählen lange bevor er der Phantasie die aufregende Gestalt trägt, welche die Begeisterung her= vorruft; oder kurz nachdem er der Phantasie noch in vertraulicher Nähe gestanden hat. Dieser Nothwendigkeit muß die Heeresver= fassung Genugthuung leisten können. Ein Staat, dem diese Leistung unmöglich wird, ist kein Großstaat.

Alle Gründe zur Heeresreform fassen sich in diesem Doppelkern zusammen.

Nach der früheren Heeresverfassung mußte bei jedem größeren Kriege die Landwehr sofort mit der Linie als erste Armee ins Feld rücken. Die Herübernahme der Landwehrverfassung aus den Frei= heitskriegen, als Grundlage selbst der ersten Schlagfertigkeit des Staates, beruhte auf folgenden Motiven.

1. Auf den Heldenthaten der Landwehr, die noch in frischer Erinnerung lebten;

2. Auf dem Bedürfniß einer wohlfeilen Heeresverfassung für den tief erschöpften Staat, welche diesem die Bedeutung einer Groß= macht erhielt.

3. auf der moralisch = politischen Gruppirung des europäischen Staatensystems. Damals sah man auf lange Zeit den Feind nur im Westen. Von Osten, wo die drei patriarchalischen Höfe in engver= bundener Freundschaft walteten, konnte er nicht kommen. Wenn die Landwehr aufgerufen wurde, so wußte sie allemal im Voraus, an wessen Seite und gegen wen sie zu kämpfen hatte. Dieses Sy= stem, das verlorene Paradies vieler feudalen und absolutistischen Ge= müther, ist zu unserm und aller Welt Heil unwiederbringlich ver=

schwunden. Bequemer ist unsere Stellung dadurch nicht geworden, aber sie hat einen weit höheren Werth erhalten. Die Richtung, nach der wir heute Angriff oder Abwehr zu lenken haben können, ist so bestimmbar als die Windrose. Damit ist eine moralische Voraussetzung des Landwehrsystems gefallen.

Aber auch die materiellen Voraussetzungen dieses Systems haben sich verändert. Denn dasselbe setzt voraus, daß ein Mann der bürgerlichen Gesellschaft angehören und bei voller Thätigkeit in derselben nach kurzem Verweilen in der Linie ein ganzer Soldat, als Befehlender oder Untergebener, bleiben könne. Trifft diese Voraussetzung heute zu? Diese Frage möge man sich nüchtern und gewissenhaft beantworten. Trifft dies heute zu, wo die bürgerliche Gesellschaft in ihrer erstaunlichen Entwickelung, mit ihrem Comfort und ihren Sorgen, mit ihren Wechselfällen und mit der anspannenden, ja verzehrenden Thätigkeit, welche ihre Siege erheischen, den Sinn der Männer nicht ausfüllt, sondern überwältigt? Jene Voraussetzung traf freilich zu, als die Männer an den Pflug und in die Arbeitsstube gingen, während ihre Gedanken bei den Waffen und bei dem Feind waren. Damals hatte man die Güter der bürgerlichen Gesellschaft, soweit davon die Rede sein konnte, als hätte man sie nicht. Wir schmähen nicht mit den Asceten den großen geistig-materiellen Besitz unserer Zeit. Aber wir schließen nicht die Augen gegen seine Folgen. **Unsterblich bleibt Scharnhorst's Schöpfung.** Vor allem darum, weil sie wie jede geniale Schöpfung so ganz aus der individuell lebendigen Natur eines historischen Momentes genommen ist. Dem Individuellen liegt das ewig Lebendige zu Grunde, und darum führen Scharnhorst's Gedanken in unserm Staat ein dauerndes Leben. Aber wir müssen sie den Veränderungen der Gesellschaft anzupassen suchen.

Niemand im Rathe des Prinz-Regenten erkannte dies Alles lebhafter, als der General von Bonin. An die Stelle jenes Idealismus, welcher zu jedem Kriegszweck ein Volk in Waffen entbot, oder glaubte, entbieten zu können, wollte er einen neuen soldatischen Idealismus setzen, durchdrungen von der sittlichen und intellektuellen Bildung des neunzehnten Jahrhunderts. Ein berufsmäßiges Soldatenthum, aber nicht wie das der früheren Zeit, ein halbbarbarisches Handwerk, sondern ein specifischer Lebenszweck sollte errichtet werden, durch die hohen geistigen Mittel der Epoche unterstützt, dessen Träger in dem erhebenden Bewußtsein wirkten, die Cultur ihrer Zeit zu benutzen und zu beschützen. Bonin wollte das

Volk in Waffen nicht aufheben, aber er wollte die Landwehr auf die
Mitwirkung bei der inneren Vertheidigung beschränken, und hielt
dafür, daß bei diesem nur in äußersten Lagen eintretenden Zweck an
den Uebungen und sonstigen Kosten der Landwehr soviel als möglich
gespart werden könne. Das Hauptgewicht der preußischen Wehrkraft
wollte auch er in die Linie legen und mußte also, wie alle ähnlich
Denkenden, eine wesentliche Verstärkung der Linie auch in ihrem
Friedensbestand fordern. Aber er ging darin allerdings nicht ganz
soweit, wie der nachher zur Ausführung gekommene Plan. Ohne
den gesetzlichen Anspruch auf eine dreijährige Dienstzeit dem Staat
entziehen zu wollen, schlug er vor, ein Urlaubssystem einzuführen,
und wollte in Folge dessen die Bataillone, deren bedeutende Stärke
ein alter Stolz der preußischen Armee ist, von ihrem Etat herunter=
setzen. Denn man darf den klaren militärischen Denker nicht mit
den unwissenden Schwätzern verwechseln, welche diese ernste Angele=
genheit in entstellter Weise vor das große Publikum gezogen haben.
Es ist überflüssig, zu sagen, daß ein Mann, wie der General von
Bonin, nicht darüber im Dunkeln ist, daß zwischen der Friedens=
stärke und der Kriegsstärke einer Armee ein natürliches Verhältniß
besteht. Die Charlatanerie redet der öffentlichen Meinung vor, das
kleinste Häuflein einer Friedensarmee könne wie der homöopathische
Tropfen den durchdringenden und zusammenhaltenden Kern eines
unermeßlichen Kriegsheeres abgeben. — Bonin wollte ein kleineres
Friedensheer als seine Gegner, weil er glaubte, Preußen könne und
müsse mit einem kleineren Kriegsheer auskommen. Der gerin=
gere Kostenaufwand seines Planes entsprang aus dem kleineren Be=
stand der Linie und aus der beschränkteren Pflege der Landwehr.
Was das Heer an quantitativer Stärke auf diese Weise einbüßte,
wollte Bonin durch die qualitative Vervollkommnung, namentlich
durch die Erziehung und den kriegerischen Geist des Offizier=Corps,
durch die umfassendste und vorurtheilfreieste Benutzung aller neuer=
lich gefundenen Methoden und Vortheile ersetzen.

Der begabte Mann ließ vielleicht allzusehr hervortreten, daß er
sich selbst als den Träger dieser Reform fühlte, allzusehr hervortreten,
daß nur er der Mann sei, einen scheinbaren Bruch mit den ruhm=
reichen Traditionen der letzten unvergeßlichen Kriegsepoche dem Lande
und der Landesvertretung gegenüber mit überzeugender Kraft zu recht=
fertigen. Er legte es seinen Gegnern allzunahe, in ihm den Schöpfer
eines künftigen „Parlamentsheeres" zu sehen.

Aber ungerecht wäre es, auch nur den Schein auffommen zu laffen, als habe die bloße Feindschaft stumpfer Routine den liberalen Kriegs= minifter zu stürzen vermocht. Nein! Es war eine schwer zu ent= scheidende Frage, ob ein großes Reformwerk in der jetzigen Lage und bei den jetzigen Mitteln des Staats wegen einer Ersparniß von $1^1/_2$—2 Millionen im Jahr auf einer schmaleren Grundlage aufge= führt werden solle. Es war eine schwer zu entscheidende Frage, ob die schmalere Grundlage dem Zweck des Staats genüge; ob Preußen mit einem Kriegsheer nach dem Plan des General von Bonin aus= kommen könne; ob der qualitative Ersatz in der von ihm gewollten Weise zu erringen sei. Objektiv kann über diese Frage erft eine späte Zukunft oder die göttliche Allwissenheit entscheiden. Subjektiv hängt die Entscheidung ganz von dem Vertrauen ab, welches die Ar= beiter an einem solchen Werk in die Triumphe geistiger Kraft setzen. Das Gefühl eigener Kraft kann sehr leicht irre führen über das, was in einem großen Organismus auf die Dauer leiftbar und berechen= bar ist.

Der liberale Kriegsminifter ging. Wenn aber die Zeitungen ihn wegen der Zumuthung bedauerten, die ihm angeblich gemacht worden, die Koftenaufstellung des gegnerischen Planes auszuführen, so ift dies unverständlich. Wenn ich einen fremden Plan für zu theuer erkläre, so kann der Schiedsrichter gegen mich nicht loyaler verfahren, als wenn er mir die Berechnung aufträgt. Die Waffe wird dadurch mir in die Hand gegeben. Die Gegner werden die Koften ihres eigenen Planes eher zu niedrig, als zu hoch darstellen.

Daß die übrigen liberalen Minifter ihrem Collegen sich nicht anschlossen, ift ihnen von damals bis heute oft zum Vorwurf gemacht worden. Mit Unrecht. Die Nothwendigkeit der Heeresreform konnte jeder Staatsmann begreifen und mit eigener Ueberzeugung für sie eintreten. Die beste Art und Weise derselben unter zwei verwandten Plänen herauszufinden, war für den Nichtmilitär nahezu eine Un= möglichkeit. Von dieser Frage das Verbleiben in ihren Aemtern ab= hängig zu machen, wäre auf allen Seiten, die den Sachverhalt kann= ten, für die Minifter als eine Unmöglichkeit angesehen worden.

Der Finanzpunkt, sagt man, hätte die nichtmilitärischen Mini= fter leiten sollen. Daß aber Preußen unter keinen Umständen die Koften der jetzigen Reorganisation, wenn dieselbe als unumgäng= lich erkannt ift, aufbringen könne, wird niemals zu erweisen sein.

Wenn das unbefangene Urtheil heute so wenig wie damals im

Stande ist, die Minister wegen ihres Bleibens zu tadeln, so begingen sie nach dem Rücktritt Bonin's sofort den ersten schweren Fehler. Sie hätten unter keiner Bedingung die definitiv adoptirte Militär= vorlage unvorbereitet vor den Landtag und vor das Land bringen dürfen. Sie hätten durchaus vorher mit allen einflußreichen Mit= gliedern des Abgeordnetenhauses über diese Maßregel in Vernehmen treten müssen. Diesen, ihren politischen Freunden, mußten sie er= klären, daß sie in der Lage seien, nicht nur die Zustimmung, sondern den ganzen Beistand derselben in Anspruch zu nehmen, oder noch vor der Eröffnung des Landtags zurückzutreten. Das ist die Art, wie man solche Dinge in England behandelt und wie sie allein behandelt werden können. Politische Kinder sehen in so etwas Abkartungen hinter den Coulissen. Wenn aber eine große und schwierige Neue= rung von dem Lande mit dem Gefühl der Nothwendigkeit aufgenommen werden soll, von welchem der günstige Erfolg abhängt, so muß ihr von allen Autoritäten des Landes in einleuchtender Weise mit reich= licher Gegenüberstellung aller Gründe und Gegengründe zugestimmt werden. Bei jedem wahren Erforderniß vollzieht sich dieser Prozeß nach und nach und vielleicht unter bedeutenden Schwankungen. Darauf kann es eine kluge Regierung in dringenden Fällen nicht an= kommen lassen. Darum wird sie das parlamentarische Einverständ= niß vor der öffentlichen Verhandlung suchen. Ob das Einverständniß in künstlicher oder sachgerechter Weise erreicht worden, wird bei der Verhandlung immer heraustreten.

Das Ministerium versäumte jede Vorbereitung und die Militär= vorlage erschien in der That vom Himmel, d. h. aus dem Militär= cabinet gefallen. Man erinnert sich, wie die allgemeine Stimmung im Abgeordnetenhause und in der Presse sich gegen die Vorlage er= hob, welchen einsamen und aussichtslosen Kampf das offizielle Organ führte.

Allein hier ist auch des Fehlers zu gedenken, welchen die ältere liberale Partei, damals im Besitz der Majorität des Abgeordneten= hauses, beging, als sie die Nothwendigkeit der Vorlage verkannte. Die Nothwendigkeit der Heeresreform nach einer Richtung, welche von der eingeschlagenen nicht wesentlich abweicht, wird heute von der libe= ralen Partei anerkannt. Warum habt Ihr zwei Jahre gebraucht, Euch zu bekehren? So sind wir vorwurfsvoll zu fragen berechtigt.

Ein edles Vorurtheil sprach für die Beibehaltung der Landwehr in der ganzen Ausdehnung des Berufes, welchen sie bisher gehabt hatte. Staatsmänner indeß müssen in kritischen Epochen schnell mit Vorurtheilen zu brechen und die neue Gestalt der Dinge zu erkennen wissen.

„Die Finanzlast, deren Anstoß noch heute nicht hinweggeräumt ist, war unerschwinglich"; entschuldigt man sich weiter.

Dieser Schwierigkeit zu begegnen, besaß die liberale Partei ein dreifaches Mittel. Sie mußte laut und einstimmig erklären, daß, wenn der Kriegsminister sich verrechnet, wenn die Reorganisation theurer als ihr Anschlag ausfalle, wenn das Dilemma eines unfertigen Werkes oder einer bedeutenden Nachbewilligung entstehe, der Landtag die letztere verweigern und für das erstere keine Verantwortlichkeit übernehmen werde.

Die liberale Partei mußte ferner erklären: sowie an die Schöpfung der Landwehr die Befreiung der Arbeit und die Gründung des Selfgovernment in Preußen sich knüpfe, so könne heute die unverhältnißmäßige Militärlast nur getragen werden durch den schleunigen Sieg erleuchteter Grundsätze in der wirthschaftlichen Gesetzgebung und durch die endliche Ausbildung und Sicherstellung des Selfgovernment: eine Arbeit, welche seit 1808 nur Ansätze und Verkümmerungen aufweist. Es ist durchaus irreführend, diesen Zusammenhang der Militärvorlage mit ihren materiellen und moralischen Bedingungen als einen Abkauf darzustellen. Der Kauf ist ein Tausch zwei einander fremder Objecte. Die Forderungen, welche von der liberalen Partei an die Militärvorlage geknüpft werden müssen, bilden in Wahrheit die sachlichen Bedingungen derselben. Ohne wirthschaftlichen Aufschwung können wir die Heeresreform nicht bezahlen, und ohne moralischen Aufschwung können wir die erhöhten materiellen Opfer in den einzelnen Kreisen der Nation uns nicht abgewinnen. Wir fordern genau dieselben Bedingungen, welche die Wiedergeburt Preußens von 1808 bis 1813 möglich gemacht haben und welche von ihrem damaligen Schöpfer mit nicht zu übertreffender Klarheit als bewußte Grundsätze an die Spitze aller gesetzgeberischen Akte jener Zeit gestellt worden sind.

Hätte die liberale Partei 1860 die Militärvorlage angenommen, so würde sie schweren Vorwürfen nicht entgangen sein. Denn die Bedingungen, welche sie an die Annahme knüpfen mußte, konnte sie vor derselben nicht durchsetzen, konnte sie überhaupt nur durchsetzen mit einer Reform des Herrenhauses. Laut würde man ihr zugerufen haben: „Ihr habt das Land leichtsinnig belastet, jetzt wer-

det Ihr und Eure Minister vergeblich suchen die Stützen herbei=
zuschaffen, die Ihr selbst als unerläßlich erklärt habt, wenn das
Gebäude nicht zusammenbrechen soll!"

Nach unserer besten Ueberzeugung ist die letztere Voraussetzung
ein Irrthum. Der ehemals demokratische Theil der Liberalen würde
uns, die ältere Partei, eine Zeit lang mit Vorwürfen und vielleicht
mit Schmähungen überschüttet haben. Daran müssen wir, daran
muß jede politische Partei gewöhnt sein. Bald aber würde sich durch
die Bewilligung der Militärvorlage eine unwiderstehliche Reform=
partei gebildet haben, welche der Staatsregierung mit ganz andern
moralischen Waffen gegenübergestanden hätte, als die liberalen Parteien
heute selbst der gegenwärtigen Regierung gegenüberstehen. Die liberalen
Minister zu beseitigen, nachdem sie den Staat zu einem so großen
Werk verholfen, wäre wohl eine Unmöglichkeit gewesen und damit
hätten sich auch ihre auf das Gleichgewicht der Entwickelung im
Staate gerichteten Forderungen nicht beseitigen lassen. Eine Regie=
rung, welche geglaubt hätte, als Erbschaft des liberalen Ministeriums
die feststehende Thatsache der Militärreform ohne die Ansprüche,
welche diese Thatsache im Gefolge hat, antreten zu können, hätte
dem Lande in äußerster Schwäche gegenübergestanden.

Genug, daß von alledem nichts geschah. Das Herrenhaus
seinerseits verwarf die Civilehe, die Grundsteuerregulirung, die Auf=
hebung der Zinsbeschränkungen. Die Stimmung in den Abgeord=
netenkreisen gegen die Militärvorlage wurde immer schwieriger und
fand in dem Commissionsbericht ihren Ausdruck. Da beging die
Regierung einen zweiten Fehler. Sie beschloß, die Entscheidung über
die Militärvorlage zu vertagen und sich vorläufig mit einer einma=
ligen außerordentlichen Geldbewilligung zur Aufrechthaltung der 1859
bewirkten Kriegsbereitschaft auf ein Jahr zu begnügen. Auf die
Gewährung dieses Verlangens konnte sie bei dem noch immer äußerst
umdunkelten politischen Horizont rechnen. Aber es ist ein Fehler,
der selten ungestraft bleibt, eine große Frage heraufzubeschwören und
unmittelbar vor der Entscheidung zurückzuweichen. Es läßt sich
keineswegs mit Sicherheit behaupten, daß die Militärvorlage 1860
vom Abgeordnetenhause verworfen worden wäre. Groß wäre die
zustimmende Majorität schwerlich ausgefallen. Aber daran liegt gar
nichts. Und wenn die Verwerfung erfolgt wäre — so war die
Regierung erst recht befugt, die 9 Millionen für die provisorische
Kriegsbereitschaft zu fordern, so war die Regierung nicht weniger

befugt, den Heeresreformentwurf unter denjenigen Veränderungen, welche ohnedies beliebt worden sind, 1861 wieder vor den Landtag zu bringen. Freilich wäre es noch etwas schwieriger geworden, auf Grund der Bewilligung für eine provisorische Kriegsbereitschaft die Reorganisation definitiv zu vollziehen. Wenn wir jedoch zu festen und gedeihlichen Zuständen jemals gelangen sollen, so muß Correktheit und gewissenhafte Rücksichtnahme auf die verfassungsmäßigen Faktoren des Staatswillens, in materieller wie in formeller Beziehung allen diesen Faktoren zur gleichmäßigen Pflicht gemacht werden.

Die Landtagssession von 1860 endete mit der ersten Erschütterung des liberalen Ministeriums: bei dem Prinz=Regenten, weil die Heeresreform gescheitert oder doch auf eine unsichere Zukunft vertagt war, und bei dem Lande, weil alle Gesetze zur Fortbildung der bürgerlichen Zustände gefallen waren, während neue Lasten ohne Beseitigung der hemmenden Einflüsse in Aussicht standen. Zum ersten Mal seit dem Eintritt der Regentschaft lagerte über dem Lande wieder eine allgemeine Verstimmung.

Die auswärtige Politik hatte die Annahme des provisorischen Auskunftsmittels hinsichtlich der Militärreform möglich gemacht. Die auswärtige Politik, seit langer Zeit keineswegs eine starke Seite der preußischen Staatslenkung, zertheilte merkwürdigerweise die erste Wolke, welche das Gestirn der Regentschaft überschatten wollte.

In seiner Thronrede vom 3. März 1860 hatte der Kaiser Napoleon Europa die Annexion von Savoyen und Nizza angekündigt. Der Schrecken über diesen Akt in Deutschland war groß, ein wenig größer, als er zu sein brauchte. Man fand darin den Beweis, daß Frankreich so ziemlich machen könne, was es wolle. Erhitzte Gemüther sahen schon die Rheinpfalz und wer weiß was noch annectirt. Die preußische Regierung erklärte sich bereit, mit einem Protest vorzugehen, wenn England nachfolgen wolle. England hielt sich wiederum zurück. Man zog es dort vor, die deutschen Mächte und Frankreich an einander kommen zu lassen, ohne seinerseits eine Verantwortlichkeit zu übernehmen. Man begnügte sich, zu warnen, daß Deutschland nicht vereinzelt in den Kampf gehen möge. Offenbar dachte man, an den Früchten eines preußisch=österreichischen Sieges Theil zu nehmen, ohne sich selbst mit irgend welchen Opfern zu belasten. Da faßte Herr von Schleinitz den Gedanken, sich mit dem seit 1859 grollenden Oesterreich und seinen Verbündeten wohl oder übel auszusöhnen, alsdann sich Frankreichs weiteren Schritten entgegen zu stellen und in dieser Position vielleicht doch noch England als aktiven Bundesgenossen zu gewinnen. Im April 1860 kamen die russischen Einflüsterungen, Preußen könne durch mäßige Opfer an seiner Westgrenze und durch eine zustimmende Haltung bei der von Rußland und Frankreich vorzunehmenden Lösung der orientalischen Frage ganz Nord= und Mitteldeutschland gewinnen. Im Sinne der neuen Politik des Herrn von Schleinitz verkündete die Thronrede, mit welcher der Prinz=Regent den Landtag von 1860 schloß: alle deutschen Regierungen seien mit dem Prinz=Regenten in der Ueber= zeugung einig, daß vor der Unabhängigkeit der deutschen Nation und vor der Integrität des vaterländischen Bodens alle innern Fragen und Gegensätze weit zurücktreten müßten. Der Eindruck dieser Worte war weithin durch Deutschland in den Bevölkerungen wenigstens ein versöhnender und aufrichtender.

Eine weitere Folge des jetzt von Herrn von Schleinitz einge= schlagenen Weges war die Zusammenkunft deutscher Fürsten in Baden= Baden. Die dort versammelten Fürsten, mit sehr wenigen Aus= nahmen, — an der Spitze der Ausnahmen stand der edle Großherzog von Baden — erklärten, daß sie ganz gern mit Preußen nachbarlich leben wollten, wenn nur der Prinz=Regent sein Ministerium entlasse und den Nationalverein verbieten würde. Solches Ansinnen zu stellen, hatte man die Stirn gegen einen Fürsten, der eben den mächtigsten Bundesgenossen vor den Augen seiner deutschen Mitfürsten zurück= gewiesen hatte, um ihnen auch nicht ein Haar krümmen zu lassen. Der Kaiser Napoleon war nach Baden=Baden gekommen, um seiner= seits die Verständigung mit Preußen zu suchen. Die Hegemonie Preußens in ganz Deutschland war sein hundertfach angedeutetes Angebot; freie Hand in Italien und im Orient, also Trennung Preußens von Oesterreich und England, seine Forderung. Es kam indeß zu keiner Verhandlung. Preußen glaubte, dem Uebermaß der Loyalität würden die deutschen Regierungen nicht widerstehen wollen noch können.

Die Tage von Baden=Baden erschienen als ein erster Erfolg der preußischen Politik und wurden namentlich zu einem Triumph für die edle Persönlichkeit des Prinz=Regenten. Der Glanz dieser Tage war indeß eitel Schein für jeden, der die Unfähigkeit der deutschen Regierungen zu allen und auch den mäßigsten Opfern erkannte. Am besten durchschaute sie der Kaiser Napoleon. Man hatte ihm in Baden eine Rolle bereitet, die beinahe zu einer Demüthigung wurde.

Er sagte sich indeß, daß Großmuth ein Mittel ist, welches wohl auf Völker und zuweilen auf den Mächtigen wirkt, aber niemals auf Träger einer scheinbaren Souveränität. Er war überzeugt, die Erfahrung noch eines Jahres werde Preußen zu seinem gelehrigen Bundesgenossen machen. Einstweilen war er nicht eben glücklich in dem Versuch, Blätter zu gründen, welche diese Bundesgenossenschaft vorbereiten sollten. Die Annäherung der Rheinbundsregierungen wies er consequent zurück.

Auf den Tag in Baden folgte die Zusammenkunft des Prinz-Regenten mit dem Kaiser von Oesterreich in Teplitz. Die unerweichliche Hartnäckigkeit Oesterreichs verbot noch mehr wie in Baden im Voraus jeden Gedanken eines Erfolgs. Oesterreich forderte Bürgschaften am Mincio, an der Donau und wer weiß wo, ohne auch nur die mäßigsten Reformen der Bundeskriegsverfassung nach den weit unter das Maaß von 1859 herabgehenden und durch die Sachlage kategorisch als Minimum gebotenen Wünschen Preußens zuzugestehen. Die Verhandlungen über ein auf solchen Grundlagen zu erreichendes Einverständniß haben sich zwischen Preußen und Oesterreich ein Jahr lang, bis zum Rücktritt des Herrn von Schleinitz, fruchtlos hingezogen.

Die einzige Frucht der Zusammenkunft in Teplitz war die Begegnung zwischen den Häuptern der weiland heiligen Allianz in Warschau, zu deren Herbeiführung Preußen auf Oesterreichs Wunsch die Vermittelung übernommen hatte. In Italien war indeß die mährchengleiche Eroberung beider Sicilien durch Garibaldi erfolgt. Zur Vollendung derselben stand die sardinische Armee vor Gaeta. Frankreichs Flotte aber schützte den letzten Haltpunkt der bourbonischen Herrschaft in Neapel. Ein Geflüster ging durch die diplomatische Welt, der Kaiser Napoleon werde sich in Warschau vertreten lassen, oder gar selbst dahin kommen, um eine Verständigung der continentalen Großmächte über die Ordnung Italiens und des Orients, zunächst der syrischen Frage, unter Ausschluß Englands zu Stande zu bringen.

Da ging der Prinz-Regent mit seinem Minister des Auswärtigen nach Coblenz, um der Königin Victoria in Begleitung von damals noch Lord John Russel zu begegnen. Wie wenig nun bei dieser Begegnung ausgemacht wurde, sie enthielt die unzweideutige Erklärung Preußens, sich keiner Abmachung gegen England anzuschließen. Damit verlor die warschauer Zusammenkunft allen Boden.

2 *

Der Kaiser Napoleon näherte sich sofort wieder England und ging nicht nach Warschau, sondern ließ den dort Versammelten sagen, daß er in jedem Fall die Stipulation des züricher Friedens hinsichtlich der Lombardei aufrecht halten müsse. Rußland hatte nicht die mindeste Lust, sich zu Gunsten Oesterreichs gegen Italien oder Frankreich zu gefährden, und die Tage in Warschau verfielen beinah der Lächerlichkeit.

Preußen hatte England den größten Dienst geleistet. Dafür schickte uns dieses seinen Macdonald, wofür wir ihm ewig dankbar sein müssen. Die politische Lehrzeit, welche dem Deutschen so lang wird, ist dadurch wenigstens nach einer Richtung abgekürzt worden.

Der Kaiser Napoleon aber mußte sich sagen, daß unter allen Umständen ihm die Freundschaft Preußens unsicherer sein werde, als die unwillkommene Gegnerschaft dieses Staates. Er mußte darauf Bedacht nehmen, daß das Frühjahr 1861 ihm einen preußisch-österreichischen Angriff bringen könne. Er beschloß, seinem Lieblingsplan einer Dreitheilung Italiens beinahe zu entsagen und sich auf die Einheit Italiens einzurichten. Denn nur diese Einheit konnte ihm jetzt allenfalls den Bundesgenossen geben, dessen er zu seiner Verstärkung gegen das vereinigte Preußen und Oesterreich bedurfte.

So gelang es dem großen Grafen bis zum Rückzug der französischen Flotte von Gaeta, 19. Januar 1861, gegen den mächtigen Kaiser Alles durchzusetzen, was zur Gründung des einheitlichen Königreichs von Italien erforderlich war — bis auf die Räumung Roms.

Wenn irgend etwas den Mißmuth eines Preußen über die Erfolglosigkeit der Politik seines Staates in einer Zeit mildern kann, wo die Erfolge diesem Staat entgegenflogen, um von seinen Lenkern gleich freiwilligen Tantaliden zurückgewiesen zu werden, so ist es der unbewußte Beistand, welchen die preußische Politik der Neugeburt Italiens geleistet hat.

Ein aufmerksamer Sinn in den Kreisen der preußischen Regierung mußte die Beförderung der italienischen Einheit, welche den eigentlich napoleonischen Gedanken sichtlich zuwiderlief, auffallend genug finden, um dadurch seinerseits auf die Möglichkeit eines französisch-italienischen Unternehmens gegen die deutschen Mächte im Frühjahr 1861 geführt zu werden.

Einen solchen Angriff, der seine Veranlassung aus der von dem besten Theil des deutschen Volkes verurtheilten Stellung Oesterreichs in Italien geschöpft haben würde, mit verschränkten Armen abwarten zu wollen, wäre ein Fehler gewesen. In den Kreisen der preußischen Regierung wurde der Gedanke angeregt, vor dem Frühjahr 1861 einen Schritt in der deutsch-dänischen Streitfrage zu thun. Wollte Napoleon III. den Krieg mit Preußen nicht, so hatte er dem Austrag dieses Streites nichts in den Weg zu legen. Stellte er sich auf die Seite Dänemarks, so erhielten die französischen Freundschaftsbewerbungen ihre unzweifelhafte Deutung.

Der Plan, die Sache der deutschen Herzogthümer Anfang 1861 aufzunehmen, fand indeß am Bundestag sein gewöhnliches Schicksal. So war dem deutschen Volke sein altes Recht bestätigt, die Aufrichtigkeit jedes nationalen Schrittes in Zweifel zu ziehen, der mit dem Bundestag und durch die Autorität desselben gethan werden soll. Erst wenn Preußen die Sache der unterdrückten Herzogthümer als Großmacht in seine alleinige Hand nimmt, wird ihm Deutschland glauben. Die preußische Presse hatte sich aber gegen das Vorgehen ihrer Regierung erhoben, weil sie darin eine Herausforderung für Frankreich um Oesterreichs willen zu erblicken glaubte. Nun hat die öffentliche Meinung in Preußen Recht, sich bei dem Gedanken einer Aufopferung für Oesterreich zu empören. Der Streit mit Dänemark ist aber in der That die Gelegenheit, bei welcher die Probe gemacht werden muß, wer Deutschlands Feind ist. Wenn die preußische Presse damals Frankreich dieser Probe nicht unterziehen lassen wollte, so legte sie einen Beweis ihrer Unselbständigkeit ab. Den Beweis, daß selbst in den zweifellosesten nationalen Fragen die öffentliche Meinung bei uns noch viel zu unentschlossen und widerspruchsvoll ist, um positiv auf die auswärtige Politik einwirken zu können.

Am 2. Januar 1861 starb Friedrich Wilhelm IV. Die Thronbesteigung des Prinz-Regenten gab dem Landtag die Veranlassung, dem In- und Auslande das in Preußen glücklicherweise seltene Schauspiel einer Adreßdebatte zu bieten.

Der Ausspruch des preußischen Abgeordnetenhauses zu Gunsten Italiens, die Ablehnung eines ähnlichen Ausspruchs zu Gunsten des deutschen Bundesstaates und die Erklärung des Abgeordnetenhauses über die höheren Verwaltungsbeamten zogen die allgemeine Aufmerksamkeit auf diese Debatte.

Den größten Eindruck machte die Erklärung für Italien. Im Ausland namentlich glaubte man die preußische Regierung der italienischen Bewegung nahezu feindlich gesinnt und hatte ein Einschreiten

Preußens an der Seite Oesterreichs zu den Möglichkeiten des Früh=
jahrs gerechnet. In England, in Frankreich, am meisten. in Italien
war die Freude über das Auftreten der preußischen Volksvertre=
tung groß.

Die italienische Politik des Herrn von Schleinitz wird manchem
Beobachter als der räthselhafteste Theil eines Räthsels erschienen sein.
Preußen war mit England die einzige Macht, welche ihren Gesandten
in Turin ließ, als Rußland und Frankreich die ihrigen abberiefen.
Bald nach der preußischen Adreßdebatte erschienen die preußischen
Gesandten — außer dem ständigen war ein außerordentlicher Ge=
sandter zur Anzeige des Thronwechsels anwesend — in feierlicher
Auffahrt bei der Eröffnung des ersten italienischen Parlaments am
18. Februar 1861. Und doch gab die preußische Politik den Freunden
Italiens immer wieder zu den größten Besorgnissen Veranlassung.
Das Räthsel löst sich, wenn man bedenkt, daß Herr von Schleinitz
einerseits Oesterreich und andererseits England zu Gefallen handeln
wollte. Zu Gunsten Italiens trat die öffentliche Meinung Preußens
und die Stimme der übrigen liberalen Minister hinzu. Auch wird
man nicht irren, wenn man bei Herrn von Schleinitz eine mäßige
Sympathie, dem Zug einer ästhetischen Humanität entspringend, an=
nimmt, welche dem italienischen Volke alles Gute gegönnt haben
würde, wenn es seine Erhebung mit Rosenwasser hätte machen können.

Die Erklärung des preußischen Abgeordnetenhauses in Betreff
Italiens ging aber Herrn von Schleinitz viel zu weit. Vergebens
suchte er sich der Annahme zu widersetzen. Weit mehr noch schien
seiner Politik, welche immerfort das Einvernehmen mit Oesterreich
suchte, eine Erklärung zu Gunsten des deutschen Bundesstaates ent=
gegenwirken zu müssen. Herr von Schleinitz wurde dringend und
das Abgeordnetenhaus lehnte jene Erklärung ab.

Es war ein großer Fehler. Die preußische Landesvertretung
muß es ihrer Regierung überlassen, die unaufgeblichen Ziele des preu=
ßischen Staates nach den Verhältnissen zurückzustellen und kann eine
solche Zurückstellung offen oder stillschweigend billigen. Aber sie darf
nie einen Zweifel darüber aufkommen lassen. daß das preußische Volk
jener unaufgeblichen Ziele sicher ist. Der ungeschickte Vorfall lieferte
einen neuen Beweis, wie zweckwidrig eine solche Adresse ist, die nicht
einen bestimmten Punkt den Umständen gemäß ins Auge faßt, son=
dern zu einem Bekenntniß über alle möglichen innern und äußern
Fragen, die gelegenen und die ungelegenen, ausschlägt.

Der dritte hervorragende Punkt der Adreßdebatte bezog sich auf das Verhalten eines Theils der höheren Verwaltungsbeamten, welcher den Absichten des Ministeriums mit größerer oder geringerer Offenheit entgegenarbeitete. Derartige Aeußerungen der Volksvertretung sind gewiß nur in den dringendsten Fällen gerechtfertigt. Ein solcher lag nun wohl vor und die Aeußerung des Abgeordnetenhauses hielt sich in den bescheidenen Grenzen der Erinnerung an einen Grundsatz.

Die Adreßdebatte und ihr Ergebniß riefen gleichwohl eine große Verstimmung in hohen Kreisen hervor. Die Symptome einer neuen polnischen Bewegung und manche andere unruhige Zeichen, unter denen das Frühjahr herannahte, vermehrten diese Verstimmung und schienen zu gerechten Besorgnissen Anlaß zu geben. Unter solchen Umständen hatten die Minister, nachdem sie eben einen mühsamen Kampf gegen das Ageordnetenhaus bestanden, die nicht leichte Aufgabe, eine strenge Zurückweisung der Adresse abzurathen. Vorlagen auf Reform der Kreisverfassung, sowie zur Aufhebung der Zinsbeschränkungen und zu ähnlichen Erleichterungen des wirthschaftlichen Fortschrittes wurden diesmal nicht eingebracht. Die Hauptstadt war um den 17. März von Gerüchten einer Ministerkrisis erfüllt. Die Krisis sollte sich um ein volles Jahr verzögern, aber sie hat sich durch das ganze Jahr chronisch hingezogen.

Die Civilehe wurde im Herrenhause zum dritten Mal verworfen. Desgleichen Vorlagen zur Einschränkung der sogenannten Verwaltungsjustiz, welche der Nachfolger des Herrn Simons im Justiz-Ministerium eingebracht hatte.

Trotz aller ungünstigen Verhältnisse vollendete die Session von 1861 eine große Reform. Die Grundsteuerregulirung ging diesmal im Herrenhause durch, allerdings nur mit einer unmittelbaren Einsetzung der königlichen Autorität, welche bei parlamentarischen Einrichtungen ungewöhnlich ist. Drei Mal hatte Herr von Patow das große Werk vor die Landesvertretung gebracht und jedesmal ihm eine reifere und zweckmäßigere Gestalt gegeben. Die preußische Geschichte wird den Namen des Finanzministers nicht vergessen, welchem der Staat diese Reform verdankt. Auch dann nicht, wenn das Werk bei der Ausführung noch einmal verkümmert werden sollte.

Der Grundsteuerregulirung verdankt Preußen die Möglichkeit, in künftigen Epochen, wenn die Vorsehung uns Sicherheit und Gedeihen schenkt, bei voraussichtlich zunehmendem Wohlstand das verderbliche System der indirekten Steuern immer mehr zu verlassen und das sittliche, wirthschaftliche, freiheitgründende der direkten Steuern auszudehnen. Der Grundsteuerregulirung verdankt Preußen die Aussicht, seinen partikularistischen Feudaladel an den Lasten der partikularistischen Stellung des Staates Theil nehmen zu lassen und diesen Adel dadurch zu der Einheit Deutschlands zu bekehren. Der große Fortschritt ist in manchen Kreisen mit sehr kurzsichtiger Gleich=gültigkeit behandelt worden. Die preußische national=ökonomische Schule hatte ihrer Zeit dem Satz eine gewisse Popularität verschafft, daß die Grundsteuer eine Rente sei. Jetzt bediente sich das feudale Lager dieser Waffe zur Bekämpfung der Regulirung. Es hätte den preußischen Nationalökonomen wohl angestanden, nun auch die Ein=seitigkeit jenes Satzes geltend zu machen und auszuführen, unter welchen Bedingungen die Grundsteuer eine lebendige Leistung bleiben kann. Eine Nothwendigkeit, die Jedem klar sein muß, der in poli=tischen Dingen mitreden will. Man überließ den Kampf der Regie=rung allein. Und doch machte die feudale Partei den höchst ge=fährlichen Versuch, eine hohe Steuer von dem sogenannten fundirten Einkommen zu erheben. Den alle wirthschaftliche Entwickelung zer=störenden Versuch, auf das große Gewerbe und auf das Capital in Gestalt zinstragender Papiere die Hauptsteuerlast zu wälzen. Mit diesem Versuch verband die feudale Partei den Hinweis auf die Nothwendigkeit, das indirekte Steuersystem in Preußen weiter aus=zubilden. Heute wird Niemand mehr läugnen, welcher Boden den direkten Abgaben durch die Grundsteuerregulirung erhalten worden ist zum Nachtheil des entgegengesetzten Systems, welches in seinen letzten Folgen den Tod der Freiheit und der wirthschaftlichen Ent=wickelung trägt.

Als der Staatsregierung im Jahre 1860 neun Millionen zur Aufrechthaltung einer provisorischen Kriegsbereitschaft bewilligt waren, verwendete sie diese Summe, um die Reorganisation der Linie sofort eintreten zu lassen, obwohl die Geldmittel dazu von der Landesver=tretung noch nicht zur Verfügung standen. Praktisch war für diesen Schritt gewiß mancherlei anzuführen. „Wie sollte man, sagten die Ver=theidiger der Maßregel, anders eine ausreichende Kriegsbereitschaft er=halten? Man konnte doch die Landwehr nicht bis zu einem ganz unbe=stimmten Zeitpunkte unter den Fahnen halten!" Politisch und rechtlich aber bleibt der Schritt zu beklagen. So bestrafte sich der Fehler, daß man einen gesetzlichen Beschluß vertagt hatte, der nicht zu vertagen war.

Im Jahre 1861 begnügte sich die Regierung, eine Erhöhung des Militärbudgets zu beantragen, welche der stattgefundenen Verstärkung der Linie entsprach. Die Gesetzgebung über die Wehrpflicht erklärte die Staatsregierung vorläufig unverändert lassen zu können. Im Kreise der Volksvertretung hob man jedoch hervor, daß die Verstärkung der Linie für Kriegszeiten eine Ausdehnung der Reservepflicht nothwendig erfordere, wie die Regierung in der Vorlage von 1860 ja selbst dargelegt. Diese mangelnde Gesetzesvorlage, welche doch eine Consequenz der Armeeverstärkung war, wenn dieselbe unter Beobachtung der Gesetze durchgeführt werden sollte, ward für das Abgeordnetenhaus die Veranlassung, die Geldmittel zur Armeeverstärkung einstweilen nur als Extraordinarium zu bewilligen. Es war dieser Beschluß kein unbilliger, noch unbegründeter. Aber er hatte den großen Uebelstand, auf welchen der Abgeordnete von Berg aufmerksam machte, bei der bevorstehenden Erneuerung des Abgeordnetenhauses die Militärfrage zur Wahlfrage zu machen. So bestrafte sich die Vertagung von 1860 immer schwerer. Aber auch die Volksvertretung erhielt von dieser Strafe den ihr gebührenden Theil. Die Annahme der Vorlage von 1860 hätte ein wichtiges Präcedens für den künftigen Einfluß der Gesetzgebung auf die Heeresorganisation geschaffen. Das Präcedens mußte angenommen werden, auch wenn der repräsentative Faktor der Gesetzgebung für jetzt nicht im Stande war, oder nicht für richtig fand, den ihm zugewiesenen Einfluß materiell geltend zu machen. Nach den begangenen Fehlern nahm die Angelegenheit naturgemäß den Verlauf, den Einfluß der Gesetzgebung auf die Heeresorganisation auf ein Minimum zu beschränken. Mit diesem Ergebniß endete der Landtag.

Nach dem Schluß desselben äußerte der König den Wunsch, seine Thronbesteigung durch eine öffentliche Landesfeier zu begehen. Die feudale Partei versuchte sofort, die Gelegenheit zu einem Angriff auf die Verfassung auszubeuten, welche ihr beim Antritt der Regentschaft versagt worden war. Man wollte dem König durch die feudalen Stände huldigen lassen. Die Sternzeitung zeichnete damals den verfassungsfeindlichen Feldzugsplan mit großer Deutlichkeit. Man hätte in der Erbhuldigung sofort die königliche Erklärung gefunden, daß das Königthum auf die verfassungsmäßige Landesvertretung sich nicht stützen könne, und daraus die Folgerung gezogen, daß den Ständen auch wieder das alleinige Recht in oder über der allgemeinen Landesvertretung eingeräumt werden müsse. Das Ministerium wandte diese Gefahr ab und der König beschloß die Krönung Friedrich I. zu erneuern.

Das Frühjahr hatte inzwischen kein vereinigtes Vorgehen der deutschen Mächte gegen Frankreich und Italien gebracht. In Paris wie überall war nicht verborgen geblieben, daß das Verständniß der deutschen Mächte, welches Herr von Schleinitz seit einem Jahre anstrebte, weiter als je von seinem Gelingen entfernt war. So fühlte sich der Kaiser seit langer Zeit einmal wieder Italien gegen= über vollkommen frei. Wieder erscholl sein gebieterisches „Nicht weiter!" auf der Halbinsel und wieder ängstigten seine Forderungen die italienischen Staatsmänner. Dem unerwarteten Druck dieser Situation erlag der größte Staatsmann, welchen das neunzehnte Jahrhundert gesehen. Sein Tod hatte zunächst die Folge, daß der Kaiser, um die Nachfolger Cavours nicht rathlos in Englands Arme zu treiben, seine Forderungen aufschob. Die italienische Frage gerieth damit in einen Stillstand, der jetzt erst vielleicht sein Ende erreicht. Herr von Schleinitz aber erklärte dem König, daß s e i n e Mittel er= schöpft seien, und rieth, die Einladung nach Compiègne anzunehmen. Denn der Kaiser Napoleon fand Preußen jetzt auf dem Punkt, den er im Juli 1860 in Baden=Baden vorausgesehen hatte. Die Reise nach Compiègne erfolgte und ihre Ergebnisse hüllten sich zunächst in tiefes Geheimniß. Der ungewöhnliche Glanz, welchen der französische Krönungsbotschafter in Königsberg und Berlin entfaltete, schloß die Annahme aus, daß man in Compiègne sich unbefriedigt getrennt habe.

Dem Glanz der Krönungsfestlichkeiten folgte das ernste Geschäft der Wahlen. Ein seltsamer Unstern hat gewollt, daß das liberale Ministerium die dreimalige Wiederkehr seines Geburtstages jedesmal durch einen großen und unnöthigen Fehlgriff bezeichnen mußte. 1859 verbot man die Schillerfeier, 1860 beobachtete man die ungeschickteste Haltung gegenüber den Polizeienthüllungen in Berlin, 1861 ver= schlimmerte man die Wahlen durch eine unbegreifliche Polemik gegen unerwünschte Wahltendenzen. Die beiden ersten Fehlgriffe zeigten nur eine übermäßige Unbeholfenheit in der formalen Behandlung solcher Angelegenheiten, welche vorzugsweise die Reizbarkeit des öffent= lichen Gefühls erregen. Sie haben den Glanz der neuen Aera sehr getrübt, aber zu dem Ausgang derselben nicht wesentlich beigetragen.

Anders steht es mit der dritten Wiederholung des herbstlichen Unsterns. Gleich nach der Landtagssession hatte sich die deutsche Fortschrittspartei gebildet mit der erklärten Absicht, die Militärfrage

zur Wahlfrage zu machen. Das Ministerium versäumte jedes erlaubte
Mittel, dieser Agitation bei Zeiten entgegenzuwirken. Es gereicht
den Ministern nur der Umstand zur Entschuldigung, daß sie von
andern Fragen und Geschäften übermäßig in Anspruch genommen
waren. Umsomehr mußte man jetzt noch bei der Einleitung der
Wahlen die richtigen Mittel ergreifen.

Worin konnten diese bestehen? Die Demokratie hatte bei den
Wahlen von 1858 einen großen Beweis von Mäßigkeit und Selbstüberwindung gegeben, indem sie auf den Eintritt aller ihrer ehemaligen
Vertreter in den Landtag verzichtete, während sie die Wahlen der
liberalen Partei eifrig unterstützte. Eine solche Entsagung jetzt wieder
verlangen, hieß einen zahlreichen Volkstheil von der Arbeit am Staat
und damit von der politischen Fortbildung ausschließen. Die mäßigste
Regierungsweisheit mußte jede solche Forderung verbieten. Leider hatte
die Demokratie bei ihrer neuen Constituirung sofort ihr Verhältniß
zur Militärfrage präjudicirt. Parteien können sich verständigerweise nur
durch Grundsätze oder noch besser durch große Ziele constituiren. Die
positive Bestimmtheit praktischer Entscheidungen dürfen sie immer nur
unter dem Vorbehalt neuer Würdigung aller einschlagenden Umstände
vorweg nehmen. Wie kann man eine von tausend dem Wechsel unter-
worfenen Verhältnissen, und noch dazu technischen Verhältnissen,
abhängige Frage, wie die nach dem Maaß der Dienstzeit, zu einer
Wahlfrage machen? Diesem Auftreten der Fortschrittspartei gegenüber mußte das Ministerium erklären: „Wir öffnen die Thore den
Vertretern aller politischen Grundsätze; wir machen die königliche
Amnestie zur vollsten Wahrheit, indem wir aus keiner politischen
Vergangenheit einen Grund des Mißtrauens nehmen. Aber die
Militärfrage ist die Kabinetsfrage der gegenwärtigen Regierung. Wer
sich gegen dieselbe präjudicirt, verpflichtet sich, die Regierung zu
stürzen. Wir werden dafür Sorge tragen, die Kraft des Landes
zu steigern und die Last so weit ermäßigen, um sie erträglich zu
machen. Unsere Vorlagen werden dies zeigen. Bis dahin halte jeder
Wahlbewerber sich seine Entscheidung frei, um sich die Verständigung
mit der Regierung offen zu halten." Die würdigste Form, dies zu
erklären, wäre die Niederlegung dieser Aeußerung in Wahlbewer-
bungsschreiben der Minister an ihre Wahlkreise gewesen.

Statt dessen mußte die unglückliche Sternzeitung mit Insinua-
tionen gegen unbestimmte Kategorien von Wahlcandidaten polemi-
siren, welche in dem undenkbaren Fall einer günstigen Wirkung kaum

ein Dutzend Namen von den Wahlen hätten ausschließen können.
Die Gegner der Militärvorlage, auf die Alles ankam, waren ja
ebenso in den Reihen der älteren liberalen Partei. Diese Gegner
konnten von einer so verfehlten Polemik gar nicht getroffen werden.
Dagegen war die Wirkung derselben weit über die Kreise der ehe=
maligen Demokratie hinaus im höchsten Grad aufregend und ver=
letzend. Der Sieg der Fortschrittspartei bei den Wahlen erschien
nach dieser Polemik, wenn nicht quantitativ doch qualitativ, d. h. in
seiner moralischen Wirkung, außerordentlich gesteigert.

Die Krisis der neuen Aera war damit vorbereitet. Niemand
konnte sich verbergen, daß die erste Session der neuen Landtagsperiode
die Entscheidung über den Fortbestand des liberalen Ministeriums
sogleich herbeiführen müsse.

III.

Die Krisis.

Unter Umständen, welche durch die Fehler des Ministeriums,
aber auch durch die Fehler der liberalen Parteien, auf das Aeußerste
erschwert waren, sollte nunmehr die Regierung das Hauptwerk der
neuen Aera, die Heeresreform, durch das Abgeordnetenhaus bringen.
Den Ausdruck „Hauptwerk der neuen Aera" gebrauchen Andere
ironisch, nicht wir. Die Heeresreform ist die Grundlage der selbst=
ständigen Stellung eines Staates Preußen, welcher nicht mehr das
Preußen der heiligen Allianz ist. Die Heeresreform ist das Motiv,
so wie sie das Mittel dazu ist einer auswärtigen Politik, welche
dieser Staat seit den Freiheitskriegen nur dem Namen nach gehabt
hat. Die Heeresreform ist das Motiv, das zwingende Motiv des
innern Fortschritts, der freiheitlichen Zusammenfassung aller Kräfte.

Das Ministerium fühlte wohl, daß es nicht nur dem neuen
Abgeordnetenhause, sondern auch dem Lande gegenüber die Mittel

zur bleibenden Reform des Heeres nicht zum dritten Mal verlangen dürfe, ohne gleichzeitig in zweckmäßigen Vorlagen die Stützen der ungeheuern Last aufzuzeigen. Leider konnte der liberale Theil des Ministeriums den wichtigsten Theil dieser Stützen, die Beflügelung des wirthschaftlichen Fortschrittes durch schnelles Brechen veralteter und zum Theil verjüngter Fesseln, welche denselben in unserm Lande mit reichlichen Hemmungen umgeben, gegen seinen Collegen, den Handelsminister, nicht durchsetzen.

Es würde uns zu sehr in die innere Geschichte der neuen Aera führen, wenn wir darauf eingehen wollten, auf welche Weise es dem Handelsminister gelungen, die anfangs etwas unscheinbare Stellung, welche er sich innerhalb des liberalen Ministeriums bewahrt, nach und nach zu einer dominirenden umzugestalten. Genug, daß an eine Vorlage zur Aufhebung der Zinsbeschränkungen und Aehnliches für den Landtag von 1862 nicht zu denken war. Schwer verzeihlich war es aber, daß die liberalen Minister gegen den Gesetzentwurf zur Aufhebung der Zinsbeschränkungen stimmten, dessen Einbringung das Abgeordnetenhaus selbstständig beschloß. Man sagte zwar, dies geschehe lediglich, weil der Gesetzentwurf, obwohl grundsätzlich richtig, nicht opportun sei. Allein, wenn Staatsmänner gegen ihre eigenen Grundsätze stimmen, so müssen sie die Gründe nachdrücklich und ausführlich darlegen. Die dürftige Bemerkung, daß ein Schritt nicht opportun sei, scheint nur die äußerste Verlegenheit oder die facies hippocratica anzukündigen.

Auf andern Gebieten als dem wirthschaftlichen dagegen hatte der liberale Theil des Ministeriums eine Reihe wichtiger Reformvorlagen seinen widerstrebenden Collegen abgerungen. Die Kreisordnung, die Städteordnung, der Entwurf zur Aufhebung der gutsherrlichen Polizei konnten in vieler Hinsicht befriedigen und jedenfalls in ganz befriedigender Gestalt mit dem Einverständniß des Ministeriums aus den Berathungen des Landtags hervorgehen. Zwei andere Vorlagen sind allgemein hart verurtheilt worden: der Gesetzentwurf über die Befugnisse der Oberrechnungskammer und der über die Verantwortlichkeit der Minister. Uns scheint, daß man diese Entwürfe sehr mit Unrecht auf Eine Stufe gestellt hat. Bei dem Gesetzentwurf über die Oberrechnungskammer hatte sich der Finanzminister die Ermächtigung vorbehalten, mit dem Abgeordnetenhause in Vereinbarung zu treten über eine künftige den bisherigen Modus übertreffende Spezialisirung der gesetzlichen Positionen des Staatshaushaltsetats. Unter dieser Voraussetzung fallen alle Bedenken, welche gegen die Vorlage erhoben worden sind.

Anders steht es mit der Vorlage über die Verantwortlichkeit der Minister. In dem ganzen Entwurf ist in der That kein verständiger Gedanke zu entdecken, und wenn in Anbetracht der schwierigen Umstände den liberalen Collegen des Herrn von Bernuth die Sünde verziehen werden kann, der Einbringung dieses Gesetzentwurfes zugestimmt zu haben, so kann Herr von Bernuth nie wieder als das Mitglied eines Ministeriums gedacht werden, welchem das Vertrauen und die Achtung des Landes in irgend einem Grade entgegenkommen sollen. Nicht den Charakter des ehrenwerthen und wohlwollenden Mannes trifft irgend ein Tadel. Aber die Devise, welche er seiner Ministerlaufbahn vorsetzte, hat er in allzugetreuer Weise bewahrheitet: Ut desint vires, tamen est laudanda voluntas.

Und doch war Herr von Bernuth, obwohl eines großen Mißgriffs schuldig, nicht allein schuldig. An der Mißgeburt des Entwurfs zu einem Ministeranklagegesetze sind mitschuldig: Herr Reichensperger, die Verfassungscommission der Nationalversammlung von 1848 und Herr von Manteuffel. Die Verfassungsvorlage des Ministeriums Camphausen vom Mai 1848 enthielt die Bestimmung, daß die erste Kammer über Ministeranklagen richten müsse. Ohne diese Bestimmung sind alle Ministeranklagegesetze Mißgeburten. Wenn irgendwo hat hier die englische Verfassung das Richtige und für alle parlamentarischen Staatswesen Typische getroffen. Auf den Antrag des Herrn Reichensperger, dessen Verdienste um das Verpfuschen der preußischen Verfassung die Geschichte aufzeichnen muß, verwarf die Verfassungscommission der Nationalversammlung die Bestimmung der Regierungsvorlage und Herr von Manteuffel nahm in seine octroyirte Verfassung den schlechten Ersatz für die entstandene Lücke auf, welchen Herr Reichensperger gefunden.

Herr von Bernuth begriff die praktische Unmöglichkeit, zwei Häusern ein selbstständiges Anklagerecht zu verleihen. Aber seine Auskunft, die Erhebung der Ministeranklage von der Uebereinstimmung der beiden Häuser abhängig zu machen, war kaum etwas anderes, als die verdeckte Beseitigung des Ministeranklagerechts. Herr von Bernuth begriff, daß ein ständiger Gerichtshof, welcher die politischen Handlungen der Minister zu richten berufen ist, in die Reihe der selbstständigen Staatskörperschaften tritt. Er begriff, daß die Errichtung von mehr als zwei solchen Körperschaften den Organis-

muß der Verfaſſung zerreißt und die Freiheit des Landes gefährdet.
Aber ſein Auskunftsmittel, einen wechſelnden Gerichtshof zuſammen=
looſen zu laſſen, hieß den folgenreichſten obwohl ſeltenſten Richter=
ſpruch an ein Aggregat ohne Verantwortlichkeit, ohne Continuität,
ohne Anſehen und ohne Bürgſchaft knüpfen. Den ſeltenſten und
doch folgenreichſten Richterſpruch: ſagen wir. Denn bei Miniſter=
anklagen wird es ſich jederzeit weit weniger um die Entlaſtung oder
Ahndung gegen ein Individuum handeln, als um die Feſtſtellung
eines Verfaſſungsgrundſatzes. Zu ſolchen Sprüchen von der weit=
reichendſten Nachwirkung wollte Herr von Bernuth ein Aggregat von
Richtern berufen, deren Lebensaufgabe die Beſchäftigung mit dem
Privatrecht iſt. Andere Ungeheuerlichkeiten ſeines Entwurfs über=
gehen wir.

Die Einführung der Miniſteranklage ſetzt unbedingt die Reform
des Herrenhauſes voraus. Nachdem die Berufung auf Präſentation
aufgehört und das Herrenhaus den reorganiſirten Staatsrath in ſich
aufgenommen hat, muß dem Herrenhaus die Gerichtsbarkeit über
Miniſteranklagen übertragen werden. Der Staatsrath bildet den per=
manenten, alſo auch außerhalb des Landtags thätigen Gerichtshof für
das öffentliche Recht. Alle Beſchwerden und Appellationen gegen
Verwaltungsorgane, ſowohl die Organe des Selfgovernment in Ge=
meinde, Kreis und Provinz, als gegen die unmittelbar königlichen
Regierungsorgane, welche jetzt in letzter Inſtanz durch Miniſterial=
reſkripte entſchieden werden, ſind dem Staatsrath zur grundſatzgemäßen
Behandlung und Erledigung zuzuweiſen. Die criminaliſtiſche Ab=
theilung des Staatsraths bildet das Kronſyndikat. Nachdem die
formelle Zuläſſigkeit einer Miniſteranklage im ganzen Staatsrath als
Commiſſion erörtert und vom ganzen Herrenhauſe anerkannt iſt,
conſtituirt ſich das Kronſyndikat als Strafgerichtshof unter Zuziehung
von zwölf Geſchworenen aus den nicht zum Staatsrath gehörigen
Mitgliedern des Herrenhauſes. Bei der Auswahl der Geſchworenen
ſteht dem Ankläger und dem Angeklagten das gewöhnliche Recu=
ſationsrecht zu.

So lange man ſich gegen ein ſolches Attribut des Herrenhauſes
ſträubt, entweder, weil man nur das Herreshaus in ſeiner heutigen
Erſcheinung vor Augen hat, oder weil man im Geheimen die Be=
feſtigung des Zweikammerſyſtems und die Umgeſtaltung des Herren=
hauſes zu einer wohlthätigen, auf lebendigen Wurzeln ruhenden
Staatskörperſchaft nicht will, ſo lange werden alle Bemühungen um

ein Ministerverantwortlichkeitsgesetz auf Phrasen und auf Luftstreiche hinauslaufen.

In einer guten Tragödie muß man vom Anfang den Keim erblicken, an welchem die Welt, die uns beschäftigt, erkrankt und zu Grunde geht. Aber im fünften Akt muß noch ein Heilmittel auftauchen, welches dem Untergang wehren und dauernde Gesundheit an die Stelle der Qual setzen könnte. Diese Unterbrechung der zum Ende eilenden Krankheit wendet die Kunst an, theils um die Spannung am Schluß noch ein Mal zu erregen, theils um die Unheilbarkeit des Uebels dem Beobachter unwidersprechlich einleuchten zu lassen. Auch der Tragödie der neuen Aera ist das vergebliche Heilmittel im fünften Akt erschienen. Es kam von der auswärtigen Politik.

Als in den letzten Monaten des Jahres 1861 die Entfremdung zwischen Preußen einerseits, den Mittelstaaten und Oesterreich andererseits den höchsten Grad zu erreichen schien, entwarf Herr von Beust seine Bundesreformprojekte. Halb mochte er wirklich darin ein Entgegenkommen für Preußen erblicken, halb dachte er damit den Vorwurf der Reformverweigerung in den Augen des deutschen Volkes auf Preußen wälzen zu können. Auf diese Projekte, welche erst lange zwischen Dresden und Wien vergeblich hin und her gingen, dann endlich in Berlin mitgetheilt wurden, erwiderte der preußische Minister des Auswärtigen in der bekannten Depesche vom 20. Dezember 1861. Graf Bernstorff lehnte die sächsischen Reformvorschläge ab und erklärte, daß, wenn überhaupt der Bund reformirt werden solle: ein Schritt über dessen Dringlichkeit kein Zweifel sei, Preußen die einzig heilsame Reform in der Gründung des engern Bundesstaates auf dem Wege freier Vereinbarung erblicke.

Diese Note hat vielen Freunden der deutschen Reform nicht genügt, aber der Tadel entspringt aus einer völlig falschen Beurtheilung der Sachlage. Den Weg der deutschen Bundesreform thatsächlich zu betreten, dazu waren die Verhältnisse im Winter von 1861/62 nicht angethan. Es ist also sehr verkehrt, die Erklärung des Grafen Bernstorff mit ähnlichen aus der Epoche, wo Herr von Radowitz die auswärtigen Geschäfte leitete, in Parallele zu stellen. Aber es war sehr viel, daß die preußische Regierung formell den Ausspruch that, daß sie kein anderes Ziel der deutschen Reform erkenne und zulasse, als den Bundesstaat unter preußischer Leitung.

Trotz der großen Tragweite, welche die Verhandlungen mit

Herrn von Beust durch die preußische Erklärung erhielten, lag die
Bedeutung dieser Verhandlungen doch mehr in der Zukunft. Die
augenblickliche Bedeutung schien nicht über die einer Conversation
hinausreichen zu sollen.

So nur war es möglich, daß Graf Bernstorff gleichzeitig mit
den sächsischen Verhandlungen die Annäherungsversuche an Oesterreich
wieder aufnahm. Seit der Anwesenheit des französischen Krönungs-
botschafters in Berlin wollte verlauten, Frankreich gehe in den Anforderungen, welche es jetzt als Preis eines Einvernehmens mit Preußen stelle,
um ein Geringes über die Anforderungen von 1860 in Baden-Baden hinaus. Während man in Berlin zögerte, oder nicht geschickt genug war, das
so gebotene Einvernehmen schnell auf annehmbare Grundlagen zu leiten,
entstand doch keineswegs eine Spannung. Der Minister des Auswärtigen setzte die Fortführung der Arbeiten an dem Handelsvertrag durch,
trotz der Schwierigkeiten, welche der Handelsminister erhob. In
ihren Thronreden äußerten sich die beiden Herrscher über die wün-
schenswerthen Beziehungen ihrer Staaten mit der größten Courtoisie.

Graf Bernstorff indeß hatte in sein Amt die Ueberzeugung mit-
gebracht, daß für eines der beiden Schmerzenskinder des deutschen
Volkes, für Kurhessen oder für Schleswig-Holstein bald etwas geschehen müsse. Die kurhessische Frage ernsthaft lösen, hieß nichts
Anderes, als den Rubicon überschreiten, vor welchem die preußische
Diplomatie noch jedesmal zitternd umgekehrt ist: den Rubicon, welcher zum Austrag der langen Rechnung mit Oesterreich führt.

Auch Graf Bernstorff war nicht der Mann, ihn zu überschreiten.
Er beschloß, Kurhessen ruhen zu lassen, um vorerst in Gemeinschaft
mit Oesterreich das nächste aus Dänemark drohende Unheil von den
deutschen Herzogthümern abzuwehren. Das österreich-würzburgische
Lager sah in diesem falschen Schritt des Grafen Bernstorff den Beweis, daß die Annäherung an Frankreich mißglückt sei und beschloß,
der preußischen Nation wieder einmal seine Stärke fühlen zu lassen.
Die identischen Noten wurden am 2. Februar übergeben.

Als nach ihrem Bekanntwerden der allgemeine Unwille in Preußen sich erhob und das Volk den Bruch mit Würzburg stürmisch und
freudig forderte, da wäre für eine fähige Regierung eine herrliche
Gelegenheit gewesen, mit dem Abgeordnetenhause und dem Lande
den Bund der festesten Eintracht zu schließen. Aber freilich, man
hätte mit dem Einmarsch in Kurhessen beginnen müssen. Man hätte
das Militärbudget ohne Schwierigkeit bewilligt erhalten, sobald man

einige Verbefferungen der organifchen Gefetze den fchon dargebotenen
hinzufügte und die Umgeftaltung des Herrenhaufes nicht mehr ver=
fchob, falls diefer Staatskörper fich der Eintracht zwifchen der Re=
gierung des Königs und dem Volke noch widerfetzte.

Statt deffen benutzte man die Anerkennung Italiens, welche das
preußifche Volk endlich mit ungeduldiger Zuverficht erwartete, als
Drohung, um von Oefterreich einige ungenügende' Zugeftändniffe in
der kurheffifchen Frage zu erlangen. Das würzburgifche Lager hütete
fich, feine fortgefetzten Unziemlichkeiten in die Oeffentlichkeit zu brin=
gen, und fo fand Graf Bernftorff kein Hinderniß weiter, an der
Hand Oefterreichs halbe und ohnmächtige Löfungsverfuche in Kur=
heffen und in Schleswig=Holftein hinzuziehen. Das Abgeordneten=
haus aber fiel, nachdem die Antwort auf den „großdeutfchen Putfch"
bloß in Worten beftanden, in feine unmuthige und mißtrauifche
Stimmung zurück. Der März brachte die Krifis, welche die Noten
vom 2. Februar einen Monat aufzuhalten vermocht hatten.

Am Schluffe der Berathung über den Etat der Domänen= und
Forftverwaltung war von dem Abgeordneten Hagen in der Budget=
commiffion der Antrag geftellt worden: „die Budgetcommiffion wolle
befchließen, bei den beiden genannten Etats die von der Staats=
regierung vorgelegten fpeziellen Einnahme= und Ausgabepofitionen
unter die gefetzlichen Pofitionen des Staatshaushaltsetats für 1862
aufzunehmen." Nach längeren Verhandlungen hatte fich die Budget=
commiffion geeinigt, von dem Hagen'fchen Antrag, welcher nach der
Abficht feines Urhebers bei allen übrigen Etats wiederkehren follte,
abzufehen, und dafür ihrerfeits folgenden Antrag an das Abgeordneten=
haus zu bringen: das Haus wolle befchließen, 1) eine Vermehrung
der Titel des Staatshaushaltsetats für nothwendig zu erklären, 2) die
Budgetcommiffion zu ermächtigen, Vorfchläge zu machen, nach welchen
die Titel des Staatshaushaltsetats für 1863 feftgeftellt werden follen,
3) die Staatsregierung aufzufordern, den Staatshaushaltsetat für
1863 nach den vom Haufe bei der Schlußberathung angenommenen
Vorfchlägen im Jahre 1863 vorzulegen."

Diefe Vorfchläge der Budgetcommiffion waren fehr fachgemäß.
Denn eine Spezialifirung der gefetzlichen Titel des Staatshaushalts=
etats im völligen Anfchluß an die von der Regierung zur Begrün=
dung der geforderten Titel vorgelegten Verwaltungsetats, wie fie der
urfprüngliche Hagen'fche Antrag verlangte, wäre offenbar eine viel zu
weit gehende gewefen. Der Antragfteller felbft hatte fich bei den

Verhandlungen bewogen gefunden, seinen ursprünglichen Antrag da=
hin zu modificiren, daß in einzelnen Fällen eine Zusammenziehung
der Positionen der Spezialetats vorzubehalten sei.

Nachdem der Abgeordnete Hagen mit seinem Antrag in der
Budgetcommission nicht durchgedrungen, brachte er zu den Anträgen
dieser Commission im Abgeordnetenhause den Gegenantrag ein, daß
die Spezialisirung der gesetzlichen Positionen des Staatshaushalts=
etats schon für das Jahr 1862 und zwar im Anschluß an die Titel
und Titelabtheilungen der für das Jahr 1859 gelegten Spezialrech=
nungen zu bewirken sei.

Es ist bekannt, wie dieser Antrag, vom Abgeordnetenhause am
6. März angenommen, die Veranlassung zum Entlassungsgesuch der
Minister am 8. März wurde; wie, nachdem von Seiten des Königs
dem Entlassungsgesuch nicht stattgegeben worden, am 11. März die
Auflösung des Abgeordnetenhauses erfolgte; wie, nachdem das Mini=
sterium über den nunmehr einzuschlagenden Weg sich nicht geeinigt
und das Programm der liberalen Minister die Genehmigung des
Königs nicht gefunden, dieselben aus ihren Aemtern schieden.

Je größer die Folgen gewesen sind, welche sich an den Hagen=
schen Antrag geknüpft haben, destoweniger ist das öffentliche Urtheil
noch zu einer unparteiischen Würdigung desselben gelangt. Eine
solche ist aber in hohem Grade wünschenswerth, wenn die in Frage
kommenden Grundsätze nicht zu einer neuen Ursache des Zwiespaltes
unter den liberalen Parteien werden sollen. Dieser Zwiespalt, an
sich schon eine Gefahr unserer Entwickelung, wirkt um so schädlicher,
wenn man in der Hitze des Streites auf der einen oder auf der
andern Seite aus gelegentlichen Schritten zweischneidige politische
Grundsätze ableitet.

Die Regierung und die liberalen Fraktionen des Abgeordneten=
hauses waren darin einig, daß eine den bisherigen Gebrauch über=
treffende Specialisirung der gesetzlichen Positionen des Staatshaus=
haltsetats nützlich sei. Der Finanzminister war zu dieser Speziali=
sirung für das Jahr 1863 erbötig. Die Behauptung ist also unrich=
tig, als habe die Regierung mit allen Denjenigen, welche gegen den
Hagen'schen Antrag gestimmt, der Spezialisirung des Budgets wider=
strebt. Die Behauptung ist unrichtig, als sei das Verlangen nach
Spezialisirung des Budgets der wesentliche Inhalt des Hagen'schen
Antrags gewesen. Der charakteristische Inhalt dieses Antrages lag
vielmehr in dem Beschlusse, die verlangte Spezialisirung sofort

3 *

durch ein Gebot des Abgeordnetenhauses vorzunehmen, — die Er=
klärung des Abgeordnetenhauses, die Etats sofort nur unter einer
vom Abgeordnetenhause beliebten Spezialisirung zu bewilligen, kommt
einem Gebot gleich — ohne der Regierung Zeit zu lassen, sich ihrer=
seits auf die Spezialisirung der gesetzlichen Positionen, welche doch für
die Führung der Verwaltung von der einschneidendsten Bedeutung ist
und die Verantwortlichkeit der Minister in unverkennbarer Weise ver=
mehrt, irgend wie vorzubereiten. Die Beziehung auf die Rechnung von
1859 konnte diese Bedenken in nichts vermindern, nachdem der Finanz=
minister diese Rechnung für völlig ungeeignet erklärt hatte, der vorzu=
nehmenden Spezialisirung des Budgetgesetzes als Richtschnur zu dienen.

Man muß zugeben, daß die Spezialisirung des Budgets eine
nothwendige Grenze hat, wenn überhaupt von einer Selbstständigkeit
der Verwaltung die Rede sein soll. Man muß zugeben, daß unter
der Voraussetzung einer solchen Selbstständigkeit der Grad der Spe=
zialisirung Sache der Vereinbarung zwischen der Verwaltung und
des mit rein gesetzgeberischen Befugnissen ausgestatteten Faktors der
Staatsgewalt ist. Man muß endlich zugeben, daß eine veränderte
Praxis in der gesetzlichen Feststellung des Staatshaushaltsetats nie=
mals von einem Faktor der Staatsgewalt den beiden andern ex ab-
rupto aufgedrungen werden kann. Sollten jemals in der Geschichte
eines Staates Gründe der dringendsten Art eine solche plötzliche Umgestaltung erfordern, so würde die verfassungsmäßige Achtung vor
der Selbstständigkeit jedes Faktors der Staatsgewalt noch immer erheischen, daß nicht der Grundsatz der Umgestaltung als ein Gebot
oder als eine allgemeine Bedingung hingestellt wird. Der verfas=
sungsmäßige Sinn desjenigen Faktors, von welchem die Reform ausgeht,
würde sich vielmehr darin äußern, daß jeder einzelne Punkt der Reform, nach seiner augenblicklichen Nothwendigkeit sowohl als Ausführ=
barkeit, in den Verhandlungen erwogen und bezüglich vereinbart würde.

Mag man eine solche Unterscheidung Pedanterie nennen! Es
giebt Schranken im Staatsleben, bei deren Innehaltung
nicht nur die Gewissenhaftigkeit, sondern die Pedanterie
die heilsamste Pflichterfüllung ist.

Es ist daher dringend zu wünschen, daß der Beschluß, welcher
den Hagen'schen Antrag zum Willen des Abgeordnetenhauses erhob,
von den Theilnehmern und Anhängern desselben wenigstens nach dem
in ihm liegenden Grundsatz nicht zu einem leitenden Gedanken der
Zukunft gemacht werde. Hieran müßte die geistige Ausgleichung der

liberalen Parteien, an welcher zu arbeiten eine ernste patriotische Pflicht ist, ein schweres Hinderniß finden.

Es wird nicht geleugnet werden können, daß das Ministerium nach seinem vollen Recht verfahren sein würde, wenn es, ähnlich wie in der Session von 1861 im Herrenhause gegenüber dem Graf Arnim'schen Antrage geschehen, jetzt dem Abgeordnetenhause als Beschluß der Staatsregierung eröffnet hätte, daß dieselbe sich außer Stande erkläre, auf den Hagen'schen Antrag in seiner prinzipiellen Form für das Jahr 1862 einzugehen. Hätte das Abgeordnetenhaus nach dieser Eröffnung seinen Willen behaupten wollen, so hätte derselbe bei jeder einzelnen Position des Budgets besonders durchgekämpft werden müssen.

Ein solcher Austrag der Frage wäre in vieler Beziehung wünschenswerth gewesen.

Daß das Ministerium, nachdem das Abgeordnetenhaus dem Finanzminister sehr wenig Entgegenkommen gezeigt, seine Entlassung forderte, kann nicht getadelt werden. Als der König die Entlassung nicht annahm, hätte das Ministerium die prinzipielle Zurückweisung des Hagen'schen Antrags in Vorschlag bringen und, damit aus dieser Zurückweisung kein fortgesetzter Zwiespalt mit dem Abgeordnetenhause hervorging, die königliche Ermächtigung zu einem erweiterten liberalen Regierungsprogramm verlangen sollen. Den ersten Punkt dieses Programms würde das auf königlicher Ermächtigung beruhende Versprechen haben bilden müssen: das Staatshaushaltsgesetz für 1863 in wesentlich erweiterter Spezialisirung vorzulegen.

Es war der letzte große Fehler, daß die liberalen Minister sich zu der Auflösung des Abgeordnetenhauses drängen ließen.

IV.

Die Fraktion Grabow und die deutsche Fortschrittspartei.

～～～

Die preußische Demokratie ist diejenige Partei, welche mit der Nationalversammlung im November 1848 unterlag und seit der Octroyirung des Wahlgesetzes, durch welches das gleiche Wählerrecht aller Bürger für die zweite Kammer aufgehoben wurde, an der parlamentarischen Thätigkeit bis zum Jahre 1855 sich nicht mehr betheiligte. Im Herbst 1855 nahm die Demokratie zum ersten Mal wieder an den Wahlen für die zweite Kammer Theil, welche in= zwischen den Namen „Haus der Abgeordneten" erhalten hatte. Die Demokratie begnügte sich, die Candidaten der älteren liberalen Partei zu unterstützen. An einen bemerkenswerthen Erfolg war in einer Zeit, wo die öffentliche Stimmung am tiefsten gedrückt war, seitdem überhaupt ein politischer Sinn in Preußen die Schwingen geregt hat, nicht zu denken. Im Herbst 1858 nahm die Partei mit großem Erfolg an den Wahlen zum Abgeordnetenhause Theil. Aber sie entsagte der Aufstellung aller Candidaten aus ihren eigenen Reihen. Nachdem zu einem freien Staatsleben auf gesetzlichem Boden der Impuls diesmal durch die Gewissenhaftigkeit des Regenten gegeben war, wollte die Partei Alles vermeiden, was Mißtrauen säen oder Besorgniß erwecken konnte. Sie wollte ihre Entsagung so lange fortsetzen, bis feste Formen einer gesetzlichen Freiheit sich eingelebt hätten und demzufolge weder in dem Geltendmachen eines politischen Grundsatzes noch in dem Erstreben einer politischen Einrichtung, sobald beide weder die Voraussetzungen der Verfassung zerstören noch andere als gesetzliche Mittel benutzen wollen, etwas Auffallendes ge= funden würde. Die Partei rechnete darauf, daß der Zeitraum einer Legislaturperiode, daß drei Jahre hinreichend sein würden, die Ge= wöhnung an gesetzliche Freiheit soweit zu befestigen. Die Partei war in ihrem vollen Recht, als sie durch die Wahlen von 1861 ihre eigenen Männer wieder auf den parlamentarischen Arbeitsplatz zu bringen unternahm. Denn mag eine Partei noch so viel lernen und noch so viel vergessen, so lange sie den Zusammenhang ihrer innern

Entwickelung festhält, muß sie verlangen, diesen Zusammenhang durch den Mund ihrer Angehörigen in der Betheiligung am Staatsleben vertreten zu lassen.

Es konnte daher Niemanden überraschen noch befremden, als die preußische Demokratie im Juni 1861 sich zum Zweck der Einwirkung auf die bevorstehenden Neuwahlen wiederum constituirte.

Die Partei wählte zur Bezeichnung der Aufgabe, welche sie sich gestellt hatte, den Namen „Deutsche Fortschrittspartei". Es ist völlig unberechtigt, in solchen Namensänderungen die Absicht der Täuschung oder überhaupt ein nicht zu billigendes Mittel für irgend einen Zweck zu sehen. Dieser Wechsel der Bezeichnung entspringt vielmehr dem natürlichen Zug des politischen Lebens. Er macht sich bald freiwillig durch selbstgewählte Namen, bald durch solche, welche die Parteien sich gefallen lassen müssen. Die ältere liberale Partei hat bald die constitutionelle, bald die gothaische, bald die kleindeutsche, bald die Partei der Eigentlichen, bald Fraktion Schwerin, Fraktion Vincke, Fraktion Grabow geheißen. Von Amerika ist es uns längst geläufig, daß bei jedem Fortschritt der innern Situation die Parteien sich unter neuen Namen zusammenfinden. Es ist viel richtiger, mit dem Parteinamen die Aufgabe einer Situation zu bezeichnen, als den abstrakten Grundsatz, welcher das Leben der Partei scheinbar oder angeblich zusammenhält. In England haben sich die politischen Parteinamen eine lange Periode hindurch unverändert erhalten, weil die centrale politische Thätigkeit sich auf einen kleinen Kreis der Nation beschränkte und weil aus dieser und aus andern Ursachen die Continuität des Parteilebens die neuen Ansätze der Entwickelung beherrschte. Im neunzehnten Jahrhundert ist auch das alte englische Parteileben in die innere Fluktuation eingetreten, welche in sich den schwankenden Bezeichnungen kund giebt. Man muß ein verstockter Doctrinär sein, um in den Neubildungen der Parteien, welche aus inneren Reformen und veränderten Aufgaben entspringen, etwas Gemachtes und Aeußerliches zu sehen.

Wenn also die Gründer der deutschen Fortschrittspartei ein unbestreitbares Recht übten, mit einem Namen und mit Zielen aufzutreten, welche lediglich der lebendigen Situation entnommen waren, so fügten sie diesem unanfechtbaren Schritt einen andern hinzu, der wenigstens unter dem Gesichtspunkt des politischen Taktes und der Zweckmäßigkeit zweifelhaft erscheinen muß. Anstatt ihre Grundsätze darzulegen und jeden zum Anschluß einzuladen, der diese Grundsätze

billigte, verhängten sie eine öffentliche Censur über eine andere
Partei. Nun glauben wir, daß die Kritik der Parteien, überhaupt
die Kritik aller politischen Systeme, Charaktere und Handlungen die
unzweifelhafte Pflicht der Presse ist. Wenn aber die Gentlemen
A. B. C. einen öffentlichen Aufruf erlassen, so haben sie lediglich
ihre eigenen Grundsätze darzulegen, dagegen über die Grundsätze und
Handlungen anderer Gentlemen zu schweigen. Wir glauben, daß von
dieser Regel höchstens abgewichen werden darf, wo man einen innern
Gegner bezeichnen muß, der dem eigenen Staatsleben so fremd und
verderblich, wie ein auswärtiger Feind entgegensteht.

Wir erwähnen diesen Gegenstand überhaupt nur, weil die deutsche
Fortschrittspartei sich äußerst empfindlich gezeigt hat, als in dem
Aufruf der älteren liberalen Partei für die Wahlen von 1862 von
der demokratischen und der feudalen Partei die Rede war. Wir
halten auch diesen Aufruf für ein entschiedenes Vergehen an dem
politischen Takt und wünschen lebhaft, daß die Verletzungen einer
heilsamen und natürlichen Regel von nun an für immer aus unserm
politischen Leben verschwinden.

Nachdem die deutsche Fortschrittspartei als eine sehr ansehnliche
Fraktion in das 1861 gewählte Abgeordnetenhaus eingetreten war,
können wir leider das Verhalten, welches die Fraktion Grabow als
parlamentarische Collegin gegen die deutsche Fortschrittspartei während
der kurzen Dauer des Hauses beobachtet hat, keineswegs ganz billigen.
Eine Partei wie die Fraktion Grabow, deren hervorragende Mitglie=
der fast alle eine lange Schule des politischen Lebens ohne Unter=
brechung hinter sich haben, sollte längst zu der Erkenntniß gelangt
sein, daß nur bei einem unreifen parlamentarischen Leben die Präfi=
dentenwahl als Parteifrage behandelt werden kann. Die Auswahl
der Persönlichkeit für den Präfidentenstuhl ist rein nach technischen
Gründen zu treffen und eine Nation, die sich irgend eines Grades
sittlicher Reife rühmt, muß voraussetzen können, daß unter jeder
Partei jede zur Bekleidung dieses Ehrenamtes qualificirte Persönlich=
keit die unparteiische Führung desselben sich selbst und ihrer Partei
auch zur Ehrensache machen werde. Der im Hause zahlreichsten und
im politischen Leben ältesten Fraktion hätte es wohl angestanden,
ihren Colleginnen zu eröffnen, daß sie diese Wahl nur nach tech=
nischen Gründen behandeln wolle; anzuzeigen, welche Persönlichkeiten
in der eigenen Fraktion etwa für das Amt geeignet und bereit seien,

und nach ähnlichen Personen in den andern Fraktionen sich zu erkundigen.

Wir lassen nicht einmal die Meinung gelten, daß ein solches Verfahren nur durch Uebereinkunft aller Fraktionen eingeschlagen werden könne. Vielmehr wird die Fraktion, welche bei solchen Gelegenheiten den Parteigesichtspunkt unterdrückt, auch wenn sie damit allein steht, die Achtung des Landes gewinnen.

Statt dessen verlangte die Fraktion Grabow, den Präsidentenstuhl aus ihrer Mitte doppelt zu besetzen, und ließ sich die beschämende Nachsicht der anderen Fraktionen gefallen, daß das Fraktionshaupt auf dem Präsidentenstuhl die Leitung der Partei beibehielt. Mit vollkommen richtigem Takte hatte der Graf Schwerin 1859 das Beispiel gegeben, daß der Präsident des Hauses die Leitung der Fraktion, wenn ihm eine solche vor der Wahl zum Präsidenten zugefallen war, niederlegt.

Während die deutsche Fortschrittspartei hier und bei andern parlamentarischen Gegenheiten eine lobenswerthe Freiheit von Rivalitätssucht zeigte, so daß man bei einer längern Dauer des Hauses doch noch auf ein ersprießliches Zusammenwirken der liberalen Fraktionen hätte rechnen dürfen, brach nach dem Austritt der liberalen Minister die gegenseitige Empfindlichkeit einen Augenblick heftig hervor. Die Fortschrittspartei war sehr entrüstet, daß sie angeklagt wurde, den Sturz der Minister verschuldet zu haben.

Auch wir können diese Anklage nur ungerecht finden. Ein Ministerium, welches, in sich einig, die Lage nur einigermaßen beherrschte, brauchte vor dem Hagen'schen Antrag nicht zurückzutreten. Es läßt sich in keiner Weise behaupten, daß mit dem aufgelösten Abgeordnetenhause nicht auch nach dem Hagen'schen Antrag, sowohl in der Budgetfeststellung als in der Militärfrage, eine zweckmäßige Uebereinkunft möglich gewesen wäre — wenn sich das Ministerium nur hätte in den Stand setzen können, einigermaßen befriedigende Aussichten auf eine fortschreitende Gesetzgebung mit Sicherheit zu eröffnen. Immer bleibt die Annahme des Hagen'schen Antrags ein parlamentarischer Mißgriff. Aber die Gerechtigkeit zwingt uns, zu gestehen, daß an diesem Beschluß die Fraktion Grabow ihren Theil der Schuld trägt. Es ist nicht genug, gegen einen falschen Beschluß zu stimmen. Die Schädlichkeit oder Unhaltbarkeit desselben muß mit Nachdruck und Klarheit dargelegt werden. Kein Redner aus der Fraktion Grabow hat sich dieser Aufgabe unterzogen.

Die Fortschrittspartei ihrerseits verstattete einer nicht mit Unrecht gereizten Stimmung viel zu viel Raum, wenn sie den Vorwurf, die liberalen Minister gestürzt zu haben, bedingterweise annahm, aber so, daß sie geneigt schien, sich ein Verdienst daraus zu machen. Die liberalen Minister sind, nachdem sich ihre Laufbahn geschlossen, von Seiten der Fortschrittspartei mit hartem Tadel überschüttet worden.

Daß diese Staatsmänner die ihnen gewordene Aufgabe nicht beherrschten, ist auch von uns des Näheren dargelegt worden. Aber es ist schwer zu sagen, ob sie im Gefühl unzureichender Kraft, welches von ihnen oft geäußert worden, die dargebotene Aufgabe hätten ablehnen, oder an welchem frühern Punkt sie dieselbe hätten abbrechen sollen. Auch die mißglückten Versuche, dem Guten zu dienen, befördern den Fortschritt. Die Männer verdienen Dank, welche unter schwierigen Verhältnissen sich zu Versuchen hergeben, denen nur die seltenste Kraft gewachsen ist. Die Männer verdienen Dank, welche an solche Aufgaben einen unbefleckten Namen und den Ruf eines wohlerworbenen Verdienstes setzen. Die ältere liberale Partei wird die Namen Auerswald, Patow, Schwerin und Pückler stets in Ehren halten, und die künftige Geschichtsschreibung wird bemerken, daß durch das mittelbare und unmittelbare Verdienst dieser Minister Preußen und Deutschland ein gutes Stück vorwärts gekommen sind.

Ueber diesen Punkt und überhaupt über die Wirkung des Hagenschen Antrags schweigt schon jetzt der Zwist unter den liberalen Parteien. Aber nicht über die Rechtfertigung dieses Antrages selbst. Und deshalb muß er noch ein Mal berührt werden.

Die Fortschrittspartei scheint zu der Annahme geneigt, als ob jeder Gegner des Antrags das Steuerbewilligungsrecht und das Recht der Controle über die ordnungsmäßige Verausgabung der Staatsgelder, welches der Landesvertretung unentbehrlich ist, preisgeben oder doch verkümmern wolle.

Darauf erwiedern wir in Kürze nochmals Folgendes. Unter dem Recht der Steuerbewilligung ist einmal das Recht der Landesvertretung zu verstehen, die Eröffnung von Einnahmequellen für den Staat auf den Vorschlag der Regierung zu gestatten. Sodann das Recht, die besonderen Zwecke zu prüfen und zu genehmigen, zu welchen die Staatsgelder verwendet werden. Endlich das Recht der Ueberwachung, daß die Staatsgelder nur zu den Zwecken verwendet werden, für welche sie bewilligt waren. Eine andere Befugniß, außer den genannten, welche in dem Worte „Steuerbewilligungsrecht" zu

liegen scheint, ist mindestens sehr zweifelhaft. Wir meinen die Befugniß, denjenigen Theil der Staatsgelder, über dessen Verwendung
Regierung und Landesvertretung sich nicht geeinigt, ohne Weiteres
in die Taschen der Steuerzahler zurückfließen zu lassen. In England wandern solche Gelder bekanntlich als Depositum in die Bank
von England, aber nicht in die Taschen der Steuerzahler. Nur durch
ein Gesetz, d. h. durch einen übereinstimmenden Beschluß der drei
gesetzgebenden Faktoren hört eine Staatseinnahmequelle auf; es sei
denn, daß dieselbe überhaupt nur für einen bestimmten Zeitraum
eröffnet worden.

Doch lassen wir diesen Punkt jetzt bei Seite, um das Steuerbewilligungsrecht in seiner unbestrittenen Bedeutung ins Auge zu
fassen. Unbestritten ist die Befugniß der Landesvertretung, die Verwendung der Gelder zu gewissen Zwecken nach völlig freiem Ermessen
für jedes Jahr zu weigern oder zu erlauben. Dieser doppelseitigen
Rechtsbefugniß steht aber eine doppelseitige Gewissenspflicht gegenüber: die Gewissenspflicht, die Staatsgelder keinem nothwendigen
Zweck zu weigern und keinem überflüssigen Zweck zur Verfügung zu
stellen. Daraus folgt als abgeleitete Pflicht das Gebot: die Verwendung zu solchen Zwecken, welche die Landesvertretung als nothwendig erkennt, nicht an unbillige Bedingungen zu knüpfen. Eine
unbillige Bedingung ist es aber, wenn die Verwaltung plötzlich bei
der Disposition für die anerkannten Zwecke sich innerhalb weit engerer
Vorschriften bewegen soll, als die bisherige Gewohnheit verlangte;
ohne daß der Verwaltung Zeit gelassen wird, sich auf die Vermehrung ihrer Verantwortlichkeit vorzubereiten und die Grenze dieser
Verantwortlichkeit aus der ihr zu Gebote stehenden Erfahrung zu
begründen. Es bleibt eine große Härte gegen den Finanzminister,
welchem zunächst die Vertretung des ganzen Budgets obliegt, zu verlangen, daß er nicht nur in seiner besondern Verwaltung, sondern
auch in allen andern Verwaltungen, ohne daß ihm Zeit gegönnt
wird, mit seinen Collegen den neuen Plan zu prüfen, die Feststellung
engerer Schranken gestatten soll, welche auf die Führung der Verwaltung von noch nicht zu übersehendem Einfluß sind.

Hoffen wir, daß die liberalen Parteien sich in der Aufgabe ver-
einigen, die gesetzliche Spezialisirung des Budgets bis zu den in der
Sache liegenden Grenzen gemeinsam zu erobern, ohne sich der Art
und Weise zu erinnern, wie dies durch den Hagen'schen Antrag im
Sturmschritt, unter Nichtachtung jeder der Regierung zukommenden

Initiative selbst in Bezug auf die besondern Vorschläge, hat ge=
schehen sollen.

Wir werden nunmehr das Budget für 1862 in einer aus der
Initiative der Regierung hervorgegangenen Spezialisirung erhalten.
Warten wir ab, ob diese Initiative, welche der Hagen'sche Antrag
sich rühmen darf beflügelt zu haben, im Stande gewesen ist, in so
kurzer Zeit eine befriedigende und vor Allem eine in der Praxis
haltbare und auf Haltbarkeit, nicht auf Schein, berechnete Arbeit
zu liefern.

V.

Die Pflicht.

Der Versuch, das Bedürfniß der Staatslage, wie es in dem
Gefühl des Volkes lebt, durch eine dem Gebot der Zeit entgegen=
kommende Regierung zu befriedigen und so den Volkswillen zugleich
zu klären und mit den Schranken und Pflichten des Staates zu
versöhnen, ist unterbrochen. Dadurch sind Preußen und Deutschland
in eine nicht zu verkennende Gefahr gebracht. Immer ist der Zu=
stand ein gefährlicher, wenn ein Volk oder ein Mensch sich auf un=
gewisse Zeit von den Bedingungen getrennt sieht, von denen Wohl=
sein, naturgemäße Entwickelung und Sicherheit ihnen abhängen.
Auch dann ist dieser Zustand ein gefährlicher, wenn große Naturkraft
die Aussicht giebt, ihn zu überdauern.

Wenn wir aber auch an unserm Volke und seiner Zukunft nie
verzweifeln, so kann wenigstens die Fortdauer der inneren Zerrüttung,
welche mit der Herrschaft einer ohnmächtigen, sittlich unproduktiven
Reaktion verbunden ist, eine ganze Generation um die Früchte einer
ernsten Lehrzeit und einer langen treuen Hingebung bringen. Wir
dürfen, wir wollen nichts verschulden, was diesen beschämenden und
unheimlichen Zustand verlängern kann.

Nur Eines kann ihn verlängern: Die Schwäche unseres Willens. Unser Wille aber ist schwach, sobald er in sich uneinig, sobald er in seiner Erkenntniß unreif ist. Schaffen wir uns das reife Bewußt= sein unserer Ziele, und wir werden einig, wir werden unüberwind= lich sein.

Daß es in der liberalen Partei Fraktionen giebt, die sich befeh= den, hängt mit der Unreife unserer Erkenntniß zusammen. Es muß jetzt laut und nachdrücklich gesagt werden, daß keine der beiden libe= ralen Fraktionen, wenn sie von der andern verlassen oder gar bekämpft wird, im Stande ist, die Reaktion erfolgreich zu brechen.

Schwerlich täuscht man sich hierüber noch in der ältern liberalen Partei. Wir wissen nicht, ob eine solche Täuschung in der Fort= schrittspartei gehegt wird. Es giebt aber Umstände, welche dort eine solche Täuschung nähren könnten. Deshalb müssen wir sie bekämpfen.

In den Perioden ansteigender Bewegung, welche in einer Epoche der fortschreitenden Volksentwickelung mit denen der Erschlaffung fast wie Ebbe und Fluth wechseln, wird es dem zuversichtlichsten Theil der Bewegungspartei sehr leicht, den Schein eines einheitlichen Volks= willens hervorzurufen und auf seine Seite zu bringen. Man braucht nur das Ziel der Entwickelung, deren Nothwendigkeit und unaufhalt= same Kraft periodisch mit nicht zu unterdrückender Lebhaftigkeit dem allgemeinen Gefühl gegenwärtig sind, diesem Gefühl mittelst einer der Phantasie verständlichen Allgemeinheit anzupassen und in wirksam geprägten Stichworten hinzustellen.

Dieser Volkswille ist aber keineswegs der wahrhaft einheitliche und unwiderstehliche. Dieser Volkswille, der sich mit leicht erwor= bener Entschiedenheit äußert, zerfällt bei der Unbestimmtheit seines Inhalts jedesmal in die ihn zusammensetzenden Atome, sobald die concrete Form, ihn auszudrücken, erkannt und behauptet werden soll.

Noch gefährlicher ist es, wenn die concrete Form in einer zufäl= ligen und unreifen Gestalt dem Volkswillen dargeboten und von ihm ergriffen wird. Sobald der Ernst der Behauptung beginnt, ver= liert sich die Zuversicht auch der lautesten Stimmen. Denn Nie= mand kann die Sprache des Gewissens überhören, welches ihm be= ständig sagt, daß er sich an eine Sache kettet, von der er nicht rein überzeugt sein kann, deren Mangelhaftigkeit sich ihm wohl gar aufdrängt.

Nur für Dinge, deren Wahrheit eine bestimmt erlebte oder völlig klar begriffene ist, gegen die von ernster und aufrichtiger Seite kein Einwand mehr kommen kann, nur für solche Dinge kann sich ein einheitlicher, ein unwiderstehlicher Volswille erheben.

Sehr leicht könnte es in einem Augenblick, wie der heutige, z. B. der Fortschrittspartei werden, durch ein Programm, welches aus allgemeinen Verheißungen und aus bestimmten, scheinbar einleuchtenden, aber doch nur im Zusammenhange eines anschaulichen Ganzen richtig zu beurtheilenden Forderungen nicht ungeschickt zusammengesetzt wäre, die Stimme der Wähler sowohl als den Volkswillen überhaupt, so weit er in sämmtlichen Aeußerungen der öffentlichen Meinung erkennbar ist, ganz überwiegend für sich zu gewinnen.

Aber einem so hervorgerufenen Volkswillen würde in ernster Stunde die ruhige, unbestechliche Ueberzeugung hellsehender Männer fehlen, würde im eigenen Lager die Eintracht verloren gehen, würde die nachhaltige Folgsamkeit der großen Zahl bald versagen.

Fürs Erste sind die Reformparteien auf Abwehr und Erhaltung beschränkt und gegenüber der drängenden Gefahr ist es leicht, die Zwistigkeiten zu vertagen. Die Gefahr der preußischen und damit der deutschen Reform liegt aber darin, daß die liberalen Parteien sich noch jedesmal vereinigt haben, wenn ihnen die Gelegenheit geboten war, das Werk der Reform positiv zu beginnen.

Während der Vertheidigungscoalition, welche die liberalen Parteien jetzt nothgedrungen werden schließen müssen, muß der Grund zu einer positiven Verständigung für die Zukunft gelegt werden. Dies ist die Pflicht, welche der jetzige Augenblick gereift hat und von deren Erfüllung die Zukunft abhängt.

Bedenken wir das Nächstliegende zuerst.

Bei der Wahlmännerernennung wird jede der liberalen Parteien so viele der Ihrigen zu betrauen suchen, als sie kann. Bei der Abgeordnetenwahl tritt die Nothwendigkeit zu Compromissen schon dringender hervor. Hoffentlich gelingt der Compromiß überall, wo die Trennung der liberalen Parteien einem gemeinsamen Gegner zu Gute kommen würde.

Um den Compromiß in der durchgreifendsten und leichtesten Weise zu bewerkstelligen, hat man die Parole: „Allseitige Wiederwahl!" auszugeben versucht. Indeß ist doch zu bedenken, daß beide liberale Parteien Ursache haben, mit ihren besten Kräften auf dem immer schwieriger gewordenen Kampfplatz zu erscheinen und demzufolge die Reihen ihrer Kämpfer noch sorgfältiger auszuwählen. Die Fortschrittspartei wird Männer nicht länger missen wollen, die sich bisher

der parlamentarischen Thätigkeit noch enthielten, lediglich um durch
ihre Namen keinen Anstoß zu geben. Die Fraktion Grabow anderer=
seits entbehrte in dem letzten Abgeordnetenhaus bedeutende Namen,
wie Vincke, Gneist und Andere. Es kommt jetzt darauf an, keinen
Zweifel zu lassen, daß die Regierung, wenn sie einen Conflikt mit
dem neuen Abgeordnetenhaus herbeiführt, die gesammte geistige Kraft
des Landes sich gegenüber hat.

Unsern politischen Freunden aber haben wir folgenden Rath an's
Herz zu legen. Mag ihre Fraktion im nächsten Abgeordnetenhause
an Zahl groß oder klein sein, sie werden den andern liberalen Frak=
tionen gegenüber in allen formalen Dingen ein entgegenkommendes
Verhalten zu beobachten haben, ohne die Erwiederung ängstlich abzu=
messen und namentlich ohne die Initiative von einer andern Seite zu
erwarten. Sollte ihre Zahl eine erheblich geringere sein gegen frühere
Sessionen, ein Fall, der keineswegs zu den Unmöglichkeiten gehört,
so wird dieser Umstand ihren Einfluß und ihr Gewicht noch durchaus
nicht mindern. Sollte die Fortschrittspartei diesmal die Majorität
unter den liberalen Fraktionen bilden, so wird dieselbe gar sehr die
Verantwortlichkeit dieser Stellung inne werden und wird gewiß nicht
ohne dringende Gründe die moralische Verstärkung entbehren wollen,
welche die Fraktion Grabow, auch als Minorität, dem Lande und
der Regierung gegenüber den liberalen Parteien zuführt. Sollten
dagegen unsere Freunde die Majorität der liberalen Partei haben,
ein Fall, der uns diesmal nicht wahrscheinlich dünkt, so dürfen auch
sie nicht ohne dringende Gründe sich die Unterstützung entgehen
lassen, welche ihnen die Fortschrittspartei, auch als parlamentarische
kleine Fraktion, im Lande und in der Presse gewährt.

Was trennt uns denn praktisch den muthmaßlichen Aufgaben
der nächsten Session gegenüber? Zunächst findet sich ein Unterschied in
der Auffassung der Militärfrage. Die Fortschrittspartei hat sich noch
nicht darüber erklärt, ob sie auf dem grundsätzlichen Widerspruch gegen
die Heeresreform unter allen Umständen zu beharren gedenkt. Ob
sie aus Vorliebe für die Landwehr oder aus vermeintlicher Einsicht
über die beste technische Organisation, wie über das ausreichende
Maaß der Dienstzeit, jede Vermehrung der Linie und jede Ausdeh=
nung der Reservepflicht fort und fort bekämpfen will. Wir müssen
natürlich wünschen, daß die Fortschrittspartei den Standpunkt der
Fraktion Grabow einnimmt, die technische Nothwendigkeit der Mili=
tärreform anzuerkennen oder wenigstens der Heeresleitung anheimzu=

geben, und sich also darauf beschränkt, mit uns das Uebermaaß der finanziellen Opfer abzuwehren. Die allgemein verbreitete Annahme, daß beträchtliche Ersparungen sehr wohl thunlich sind, welche das Wesen der neuen Organisation nicht beeinträchtigen, ist sicherlich mehr als bloße Voraussetzung. Aber es dünkt uns ein ungeheurer Fehler, diese Ersparungen auf einem bestimmten, dem großen Publikum frei= lich leicht verständlichen Wege von Seiten der Volksvertretung her= beiführen zu wollen. Nichts scheint einfacher, als die Herabsetzung der Dienstzeit zu befürworten. Aber nichts verräth mehr die Unkunde aller militärischen Verhältnisse. Das unentbehrliche Maaß der Dienst= zeit wollen wir gar nicht erörtern. Dasselbe wird immer nur relativ nach Maßgabe aller in Betracht kommenden Nebenumstände festzu= stellen sein. Aber es wirkt die Dauer der Dienstzeit, weil von ihr der Bestand der Mannschaften unter den Fahnen wesentlich mit ab= hängt, auf den Organismus der ganzen Armee. Sind für diesen Organismus gewisse Verhältnisse und gewisse Anforderungen als nothwendig anerkannt, so wirken diese auch wiederum auf die Dienstzeit.

Wenn die liberalen Parteien zu einem dauernden Einverständniß darüber gelangen, daß sie sich der Militärorganisation gegenüber auf eine Ermäßigung der finanziellen Anforderungen zu beschränken haben, so ist damit allerdings noch kein fester Maßstab gewonnen, wo die unüberschreitbare Grenze der finanziellen Opfer zu ziehen ist. Gefährlich ist es, diesen Maßstab von den Zuschlagssteuern zu ent= nehmen, und also den Militäretat um den jährlichen Betrag dieser Steuern zu vermindern. Ueber den Wegfall der Zuschlagssteuern haben indeß die liberalen Parteien, wenigstens in ihren Program= men sich geeinigt, so sehr geeinigt, daß man sich über die Priorität dieser Forderung erzürnt hat.

Wir können nicht sagen, daß diese Einigkeit uns mit Befriedi= gung erfüllt. Bevor man weiß, wo und wie weit man die Staats= leistungen zu beschränken mit gutem Gewissen im Stande ist, soll man die Leistungen der Bürger nicht beschränken. Am wenigsten die directen. Denn die directen Abgaben erhöhen die politische Macht und das moralische Bewußtsein der Bürger, sowie sie unter allen Abgaben die wirthschaftlichsten und zugleich am wenigsten durch Er= hebungskosten geschmälert sind. Die direkten Abgaben vermindern und nicht in demselben Maße die Staatsleistungen herabsetzen, heißt auf dem heilsamsten Wege umkehren, heißt gleich dem Kranken, der eines ausdauernden Willens nicht fähig ist, zu untergeordneten Kün=

ften seine Zuflucht nehmen, welche eine scheinbare Erleichterung mit
hundertfältigen Nachtheilen sich bezahlen lassen. Der Wegfall der
Zuschlagssteuern ist uns angekündigt, aber schon ist von Erhöhung
der Salzsteuer, der Maischsteuer und wer weiß, was noch, die Rede.
Mögen die liberalen Parteien auf der Hut sein, daß sie durch Be=
kämpfung der Zuschläge zu den direkten Steuern, wenn sie die
Staatsleistungen nicht im entsprechenden Maße vermindern wollen
noch können, nicht den Feudalen die gefährliche Waffe der indirekten
Steuern in die Hand drücken!

Doch die Schwierigkeit den nächsten Aufgaben gegenüber ist die
geringere. Es handelt sich um die Zukunft. Es handelt sich um
den Augenblick, der eben so nahe als fern sein kann, wo den libera=
len Elementen wieder die Möglichkeit geboten wird, die Aufgabe des
Staats positiv zu fördern.

Hat der Gegensatz der liberalen Parteien einen durchgreifenden
ernsten Grund? Die Frage ist schon mehrmals aufgeworfen und
wir müssen sie kurz berühren. Man hat jenen Gegensatz bald auf
die Verschiedenheit socialer Interessen, bald auf den tiefgehenden
Unterschied theoretisch=humaner Anschauungen, bald auf den Unter=
schied des Temperaments zurückzuführen versucht. Wir glauben, der
Kern des Unterschiedes ist ein historischer, d. h. er verdankt einem
vorübergehenden Unterschied in der Auffassung des Staats seinen
Ursprung. An einen solchen historischen Gegensatz setzen sich im
Laufe der Zeit immer neue Gegensätze oft zufällig an und so kann
er eine lange dauernde Bedeutung gewinnen. Aber er kann auch
überwunden werden — wenn die Ueberwindung Noth thut.

Die Auffassung des Staats, aus welcher in den vierziger Jah=
ren, jedenfalls schon vor dem Jahre 1848, der Gegensatz einer demo=
kratischen und liberalen Partei entsprang, war auf beiden Seiten
eine schablonenhafte. Auf der einen Seite ein Schema von bevor=
zugten Wählern, durch Census des Besitzes von der Nation ausge=
sondert, ein sogenanntes pays légal; eine Wahlkammer mit Majori=
tätsherrschaft über die Verwaltung und mit einer aus allerlei Reli=
quien zusammengesetzten Ersten Kammer neben sich, die wesentlich
als Roccocomeubel bei den repräsentativen Akten des Parlamentaris=
mus verwendet wird. Dazu ein König, um die Thronrede zu ver=
lesen. Auf der andern Seite hatte man eine Schablone, die keine
Roccocomeubel dulden wollte und den nationalen Willen, d. h. die
aktive Regierung, anstatt in das pays légal, in die Masse der Er=

wachsenen verlegte, ohne im Mindesten nach der Beschaffenheit dieser Masse zu fragen.

Wir sollten heute beiderseitig frei genug sein, über diese Scha= blonen der politischen Studentenzeit zu lächeln. Wir sind nicht mehr politische Studenten, sondern Männer, denen die ehrenvolle Aufgabe geworden, aus lebendigen Elementen einen lebendigen Staat zu bil= den. Es ist eine alte Wahrheit, daß man im praktischen Leben erst recht anfängt, zu studiren, und erst den rechten Sinn für ein leben= diges Verständniß vergangener und gegenwärtiger Dinge bekommt. Wenn wir die sittliche und historische Natur des Staates, der Gesell= schaft, der Zeit, an denen und in denen wir arbeiten, gewissenhaft studiren, so muß es uns gelingen, in der Wahrheit uns wechselseitig fördernd, den alten Gegensatz einer unreifen Zeit zu vergessen.

Erinnern wir uns einmal, was jede der liberalen Parteien für die gemeinsame Sache, und was jede folglich der andern gelei= stet hat.

Das Postulat für die richtige Constituirung Deutschlands ist von der ältern liberalen Partei gefunden worden und jetzt gemeinsa= mes Eigenthum der Reformpartei. Ebenso gehört der älteren libe= ralen Partei der große Gedanke, daß das Bürgerthum der Träger der deutschen Zukunft ist, sowie die richtige Bestimmung dieses Be= griffs zu einer Zeit, wo die Vorgänger der Fortschrittspartei die aus einem kranken Gesellschaftsleben entlehnte Kategorie der Bourgeoisie auf Deutschland zu übertragen versucht waren. Sodann die Erkennt= niß von der fundamentalen Bedeutung parlamentarischer Central= Organe, zu einer Zeit, als der Werth dieser Institutionen durch die mystische Vorstellung eines unmittelbaren Volkswillens verdunkelt werden sollte. Endlich die Vertheidigung der preußischen Verfassung auf parlamentarischem Boden während der Zeit der Reaktion.

Allein die Fortschrittspartei und ihre Vorgänger haben ebenso bedeutende Verdienste um die Fortbildung der politischen Erkenntniß und des politischen Lebens aufzuweisen. Der Gedanke einer sittlichen Beseelung des ganzen Volkes, wenn auch die unterschiedslose Aus= stattung mit politischen Rechten nicht der unfehlbare Weg dazu ist, dieser Gedanke, welcher das unverlierbare Eigenthum der Reformbe= wegung geworden ist, gehört, dem historischen Ursprunge nach, dem demokratischen Faktor dieser Bewegung an. Andererseits sind aus den Reihen der Fortschrittspartei die Männer hervorgegangen, welche mit unermüdlicher Aufopferung und siegreichem Talent die Wahr=

heiten der volkswirthschaftlichen Lehre zur populären Macht und zu einem politischen Faktor erhoben haben. Dieses Verdienst ist sehr hoch anzuschlagen, denn ihm verdanken wir die Möglichkeit, die große Schicht des Volkes, deren Beruf die materielle Arbeit ist, durch das politische Leben veredeln zu können ohne Furcht, einen Klassenkampf heraufzubeschwören, dessen Samen eine verirrte Lehre ist. — Während die ältere liberale Partei den parlamentarischen Boden der Verfassung vertheidigte, erwarb sich die Fortschrittspartei das nicht geringere Verdienst, zum erstenmal in Deutschland eine angesehene Presse von principiellem Einfluß zu gründen, welche in den Jahren des Druckes die Mitglieder aller liberalen Parteien, auch die Unsrigen, gesammelt, ermuthigt und belehrt hat. Von besonderer Bedeutung bei diesem Werk ist es, daß eine solche Presse auf dem Boden der Hauptstadt hat durchgesetzt werden können. Dadurch ist eine geistige Centralisation des politischen Lebens vorbereitet, welche die Bedingung aller politischen Freiheit ist.

Bei einiger Unbefangenheit kann das Geständniß nicht schwer fallen, daß die liberalen Parteien einander bereits viel verdanken. Es kommt darauf an, das Bewußtsein zu pflegen und zum siegreichen Durchbruch zu bringen, daß beiden ein und dieselbe Aufgabe, beiden gleich theuer, anvertraut ist, welche die besten Kräfte und die reinste Hingebung von Beiden erfordert.

Nichts ist diesem Bewußtsein schädlicher, als die voreilige Schablonirung der Fragen, welche in immer erneuter Gestalt, bis die Lösung sich bewährt hat, unsere Aufmerksamkeit und unsere Prüfung erheischen. Niemand erschwert den Fortschritt der Eintracht mehr, als wer bemüht ist, unfertige Lösungen vorzeitig mit dem Parteistempel zu versehen.

Es giebt solcher vorzeitig gestempelten Lösungen weit mehr, als wünschenswerth ist. Wir wollen uns nicht, weder gegen die geheime Abstimmung noch gegen das gleiche Wahlrecht aussprechen. Wir perhorresciren die läppische Phrase, als sei bei gleichem Wahlrecht unter keiner Bedingung ein geordnetes Staatsleben möglich.

Aber wir sind überzeugt, daß über die concreten Folgen des geheimen und gleichen Wahlrechts, selbst für das demokratische Prinzip im eigentlichsten Sinne, noch das erste verständige Wort vorzubringen ist. Das ist der Uebelstand, an dem wir leiden, daß noch so oft Mittel und Prinzipien verwechselt werden.

4*

Ist es nicht auch so mit dem Hagen'schen Antrag gegangen?
Wenn Jemand Bedenken hat, ob ein solcher Antrag auch verfassungs=
mäßig correct, in seinen Folgen nicht zweischneidig und in seinem
Verlangen nicht unbillig sei, muß er darum gleich dem Lande die
Finanzcontrole rauben wollen? Wir können unmöglich vorwärts
kommen, wenn wir nicht die in England längst heimische Sitte an=
nehmen, in allen Zweckmäßigkeitsfragen den individuellen Ueberzeu=
gungen einen sehr weiten Spielraum zu gestatten, ohne dadurch den
politischen Charakter gefährdet zu sehen. Wir müssen unser Gefühl
viel feiner ausbilden, um die Grenze richtig zu empfinden, wo die
Frage des Charakters beginnt. Jeder Engländer würde es unbe=
greiflich finden, daß in einer Situation, wie die jetzige, ein Mann
wie Vincke durch seinen Wahlkreis verlassen wird, weil er sich gegen
den Hagen'schen Antrag erklärt, um Herrn Gerstein Platz zu machen.

Irgend ein Weiser hat bemerkt, daß aus keiner Ursache so viel
Umwege entstehen, als aus dem heftigen Verlangen, immer den kür=
zesten Weg zu gehen. Möge man auf der einen Seite die Vorliebe
für die kürzesten Wege etwas mäßigen. Man wird der andern er=
leichtern, den Punkt, wo es auf unbedingtes Standhalten ankommt,
seltener zu verfehlen.

Möge man diesen Satz vor Allem auch auf die deutsche Frage
anwenden. Diese Frage wird nur gelöst werden, wenn die mäßigsten
Forderungen das ernsteste Mittel unterstützt. Sie wird jedesmal in
die Ferne gerückt, wenn eine weit gehende Forderung durch bloße
Appellation an das Gefühl verwirklicht werden soll. Auch das Ge=
fühl gehorcht nur der That.

Es liegt in Betreff der deutschen Frage noch etwas Anderes
zwischen uns und der Fortschrittspartei, als die Ansicht über den
nächsten Weg. Was jetzt in Preußen erstritten und erarbeitet wird,
das sind die concreten Gesetze eines freien Staatslebens unter den
Lebensbedingungen der continentalen Völker. Wir hoffen, daß dieses
Werk zum Theil wenigstens dem deutschen Volk als eine dauernde
Form zu Gute kommt. Dasselbe ist uns mehr, als das vorüber=
gehende Mittel zu einem „Deutschland der Zukunft." Wir können
uns des Lächelns nicht enthalten, wenn wir zuweilen lesen, daß diese
oder jene constitutionelle Frage in dem oder jenem deutschen Vater=
lande längst gelöst sei. Die Haushaltsfragen sind in unsern Städten
auch vielfach längst gelöst. Wir meinen aber, daß Staatsfragen
nur in einem Staat gelöst werden können. Bis jetzt hat noch kein

continentaler Staat, oder, was ein Pleonasmus ist, kein continen=
taler Großstaat ein freies Verfassungsleben begründet. Das König=
reich Italien ist viel zu jung und unfertig, um hier angeführt zu
werden. Unter diesem Gesichtspunkt sind die preußischen Entwicke=
lungskämpfe zu betrachten. Unter diesem Gesichtspunkt finden sie die
gebührende Nachsicht und die richtige Schätzung.

Sowie aber die hohen Geister des vorigen Jahrhunderts den
arbeitsvollen Weg der Zukunft mit edlen und weisen Worten ihrem
Volke fast für jedes Stadium bezeichnet haben, so ist auch der Weg,
auf welchem für alle Uneigennützigen die Versöhnung liegt, durch den
Ausspruch bezeichnet:

> Freunde! Betreibet nur Alles mit Ernst und Liebe. Die Beiden
> Stehen dem Deutschen so schön, den ach! so Vieles entstellt.

April 1862.

MIX
Papier aus verantwortungsvollen Quellen
Paper from responsible sources
FSC® C105338

If you have any concerns about our products,
you can contact us on
ProductSafety@springernature.com

In case Publisher is established outside the EU,
the EU authorized representative is:
Springer Nature Customer Service Center GmbH
Europaplatz 3, 69115 Heidelberg, Germany

Printed by Libri Plureos GmbH
in Hamburg, Germany